Für Hannelore

AF285157

Markus Möller
KAMTSCHATKA
ZU FUSS DURCH RUSSLANDS
GROSSE WILDNIS
Ronald Prokein

ISBN 978-3-7562-2122-6
4. Auflage 2022 (1. Aufl. 2007, Scheunen-Verlag)
© Markus Möller, Ronald Prokein
Herstellung und Verlag:
BoD – Books on Demand, Norderstedt
Umschlaggestaltung: Markus Möller
Fotos: Markus Möller, Ronald Prokein
Printed in Germany

Heimweh, sagen die Ärzte, ist ein durch unbefriedigte Sehnsucht nach der Heimat hervorgebrachter, den Organismus untergrabender Zustand von Schwermut. Dagegen schützen weder Alter, Bildung noch Einfalt. Kann das am schnellsten und sichersten wirkende Gegenmittel – die Rückkehr in die Heimat – nicht angewendet werden, so versuche man, durch Zerstreuung, Anstrengung und kräftige Nahrung dem Übel entgegenzuwirken.

AM FLUGHAFEN

Das Flugzeug ist gelandet, wir steigen die Gangway hinab. Die Vormittagssonne brennt, über der Rollbahn flimmert die Luft. Wie zum Greifen nah ragt im Osten der zerklüftete Awatschinsky auf, ein blauer Vulkankegel, durchzogen mit weißen Adern. Aus dem Krater steigt dünner Rauch, der sich im seichten Wind verliert. Nördlich von uns – ein weiterer Feuerberg: der Korjaksky, ein klobiger Dreieinhalbtausender. Willkommen auf Kamtschatka! Vor ein paar Tagen noch umrahmten den Namen Hochglanzfotos in Büchern; Texte, gemütlich verschlungen im Licht einer Nachttischlampe. Nun ist es Wirklichkeit.

›Wir wollen eintausend Kilometer wandern‹, irgendwie klingt das unverschämt. Würde die Strecke schon hinter mir liegen, ich wäre nicht traurig. Die Heimat ist weit, ist neuntausend Kilometer und elf Zeitzonen entfernt.

Die Triebwerke der Maschine verstummen, es riecht nach Motorenöl. Wir folgen den Passagieren zur Gepäckausgabe – ein grüner Schuppen, der als Ausweichstelle dient, weil man das Airportgebäude renoviert. Im kleinen, halbdunklen Verschlag riecht es modrig. Eingeklemmt zwischen den Leuten schlucke ich an einem Kloß, der meine Kehle blockiert. Der Abschied setzt mir noch immer zu: Berlin-Schönefeld, die Schleuse zum Flugzeug, Katrins leuchtende Augen, der vertraute Duft ihrer Haut …

Gern würde ich mit Markus über diese grandiosen Vulkane plaudern. Er aber scheint mit seinen Gedanken woanders zu sein. So schweige auch ich.

Taschen wälzen sich durch einen Gummilappenvorhang auf das Förderband. Zwei große Plastikboxen folgen. Gina und Condor, meine Schäferhunde, sitzen drinnen, bellen aufgeregt. Ich bin erleichtert, erinnerte ich mich doch eben noch an eine Begegnung mit einem Mann aus Sri Lanka, der von erfrorenen Hunden im Laderaum eines Flugzeugs erzählt hatte.

Die Passagiere sind aus der Baracke verschwunden. Es ist still, Fliegen summen. Dann klappern Schlüssel. Zwei Männer im mittleren Alter stehen am Ausgang, wollen abschließen. Ich bitte um etwas Geduld, öffne die Boxen. Die Hunde springen heraus, hoppeln mir um die Beine. Einer der Arbeiter langt neben uns nach einem Gepäckwagen. Gina bellt, Condor knurrt.

»Bleib!« kommandiere ich, packe den Rüden am Halsband und führe ihn ins Freie. Gina wieselt hinterher. Ich muß besonders auf Condor achten. Kommt ihm ein Fremder zu nah, wird er ungemütlich. Gina ist zugänglicher, aber sehr wachsam. Die beiden sollen uns auf der Reise beschützen, so wie vor zwei Jahren, als wir mit Kajaks den mächtigsten Fluß Rußlands, die sibirische Lena, befuhren. Nachts, in der Taiga, ersparten sie uns manch unangenehme Überraschung.

Ich schaue mich um, sehe die überwältigende Naturkulisse und versuche zu begreifen, wo wir sind. Gestern erst küßte ich zum Abschied Sylvia, fuhr ich mit Markus nach Berlin; eben noch waren wir in Moskau, und schon stehen wir am Start unserer Unternehmung. Ich bin gespannt auf die neue Herausforderung, freue mich auf das, was uns erwartet.

Die Arbeiter – sie tragen verwaschene Jeans und graue Hemden – schließen den Gepäckraum ab. Sie fragen, wie alt die Hunde seien. Wir kommen ins Gespräch. Die Männer sagen, sie können die Käfige bis zu unserem Rückflug in ihrer Garage lagern. Schon geht der Ältere fort und kehrt in einem Toyota Kombi zurück. Wir schieben die Boxen in den Kofferraum, fahren zur Garage. Die Hunde bleiben beim Schuppen und bewachen unser Gepäck.

Wir sind die Kisten los und wieder am Flughafen. Die Männer wollen nichts für ihre Hilfsbereitschaft. Wir danken und bekommen eine Telefonnummer, die wir anrufen sollen, wenn wir von unserem Abenteuer zurück sind. Dann fahren sie fort.

DIE GEHEIMDIENSTLER

Heute ist Sonnabend, und die meisten Geschäfte in der Stadt haben schon geschlossen. Wir müssen uns mit den Einkäufen bis Montag gedulden. Dann erst können wir aufbrechen. Seit Stunden sitze ich mit Ronald auf einer Bank unter Birken, unweit der Verbindungsstraße zum Flughafen. Alte Ikarusbusse steuern ihn an. Ihre heulenden Motoren sind uns aus der Jugend vertraut. Der Proviantbeutel, den uns Ronalds Mutter zum Abschied in die Hände drückte, ist anständig gefüllt. Wir beißen in belegte Brote und Buletten und geben den Hunden davon ab. Auch essen ist gut gegen Heimweh.

Vor uns, auf der großen Wiese, spielen junge Männer Fußball. Sie rufen sich etwas zu, laufen einer schmutzigen Kugel hinterher, schwitzen. Außer den Bussen und Buletten birgt auch das Kickermatch ein Stück Heimat. Als wäre ich zu Hause und würde von der Terrasse auf den kleinen umzäunten Platz davor blicken, mit den Kindern, die ausgelassen schreien, und dem Ball, der an die Gitterstäbe schlägt … Die Männer erkundigen sich vom Spielfeld aus, woher wir kommen.

»Ah, die Vizeweltmeister«, kommentiert einer unsere Antwort und spielt auf das WM-Finale zwischen Deutschland und Brasilien an. Die Jungs wollen auch uns auf dem Rasen sehen. Wir lehnen freundlich ab. Sie beenden ihr Spiel, unterhalten sich, jonglieren den Ball, klopfen sich auf die Schultern und verabschieden sich voneinander. Drei von ihnen nähern sich uns.

»Macht ihr Urlaub?« erkundigt sich ein kleiner, untersetzter Typ Mitte Zwanzig. Wir haben auch eine Frage, wollen wissen, ob es einen Weg bis Ust-Kamtschatsk, dem Endpunkt unserer Reise, gibt. Auf unserer Karte ist nur eine Straße bis Milkowo, einem Ort auf noch nicht einmal der halben Strecke, eingezeichnet. Stimmt das Papier, müssen wir von dort aus am Ufer der Kamtschatka, dem größten Strom der Halbinsel, weiterwandern.

Das sei nicht nötig, beruhigt uns der Untersetzte, es existiere ein Weg bis zum Ziel. Wir sollen uns eine aktuelle Karte kaufen.

Der Bursche, dessen rundes Gesicht mit den spitzbübischen Augen auf einen fröhlichen Menschen schließen läßt, lädt uns zum Abendbrot ein. Wir freuen uns, nicht mehr allein zu sein und nehmen dankend an. Zusammen mit seinen gleichaltrigen Begleitern, denen die feuchten Turnhemden an den sehnigen Körpern kleben, gehen wir einem grünlichen Plattenbau entgegen. Es scheint ein Armeeobjekt zu sein. Vor dem Eingang wacht ein Soldat mit Kalaschnikow; wie als Erinnerung an vergangene Jahre, als Kamtschatka militärisch abgeschirmt wurde. Wir dürfen wie selbstverständlich am Posten vorbei. Unsere Schritte hallen durch das blaßgrüne Treppenhaus. Es riecht nach alten Tomaten und Bohnerwachs.

In der zweiten Etage schließt Bascha, so heißt unser Gastgeber, seine Wohnung auf. An der Garderobe hängt ein Wulst aus Jacken. Eine graue Katze schleicht durch die halboffene Badtür und taucht ihren Kopf in einen Futternapf.

Bascha bittet uns ins Wohnzimmer – und um etwas Geduld. Er wolle die durchschwitzte Kleidung loswerden und duschen, so wie es seine Kameraden vorhatten, als sie in ihren Wohnungen verschwanden. Durch das Fenster fällt das rötliche Licht der frühen Abendsonne, beleuchtet den Computerbildschirm auf dem Schreibtisch, bricht sich im Glas bauchiger, leerer Vasen und liegt wie eine Schärpe über der braunen Samtcouch.

Bascha kommt aus dem Bad. Auch seine Kollegen sind wieder da, nach herbem Duschgel duftend. Wir setzen uns an einen alten, ovalen Holztisch. Er füllt sich mit Tellern, die mit Brot, Speck und schmalen Räucherfischstreifen in Dillsauce bedeckt sind. Der Hausherr holt eine Flasche Wodka und kleine Gläser aus dem Schrank. Wir stoßen auf unsere Begegnung an.

Es wird gegessen und die Flasche zur Hälfte geleert. Bascha schwärmt von seinem Arbeitsgerät – einem Hubschrauber – und daß das mit der Freiheit beim Fliegen stimme. Er meint, daß der Helikopter ruhig ein neueres Modell sein könne und daß die russische Armee, bei der er sich für fünfzehn Jahre verpflichtet habe, viel zu wenig für ihre Technik ausgäbe. Seine Bekannten, die bisher nur wenig sagten, schauen ihn strafend an. Er schweigt verdrossen und nestelt am obersten Hemdknopf.

So wie Bascha dienen auch sie nicht bei irgendeiner Militärabteilung, sondern beim FSB – jener Geheimorganisation, die aus dem legendären KGB erwachsen ist. Der, der das preisgab, stellt sich uns erst jetzt vor. Er heiße Sascha. Er hat knochige Wangen, Stoppelhaare und ein Oberlippenbärtchen, das viel Platz zwischen Nase und Mund läßt. Sein Tischnachbar nennt sich Fedja und ähnelt ihm, bis auf das Bärtchen, auffallend. Als wären sie Brüder. Das seien sie nicht, sagen sie, und auch, daß ihre Namen, die sie uns nannten, nicht ihre wahren seien. Die dürften sie – und ihre Köpfe schrauben sich in trauter Zweisamkeit nach oben – unter keinen Umständen verraten. Bascha, der Gastgeber, ist eilig dabei, uns auch seinen Namen als Pseudonym zu verkaufen, doch seine Stimme wackelt, es klingt wenig glaubhaft. Er erhebt sich, wankt zur Toilette und umschlängelt die Schale mit dem Katzenfutter.

Als er zurückkehrt, wechselt er das Thema und erzählt, er habe zwei Kinder, die bei seiner Frau in Wladiwostok leben. Sie sei dort Sekretärin der Hafenleitung. Eine schöne, schlanke Person sei sie, und sie habe es gutgeheißen, daß er auf Kamtschatka Armeedienst leiste. Als Unteroffizier verdiene er anständig, umgerechnet dreihundert Euro. In Rußland, sagt er, sei es normal, eine Anstellung der familiären Nähe vorzuziehen. Bascha wirkt zufrieden. Vier Jahre Militär hat er hinter sich, elf liegen noch vor ihm. Er drückt seine Zigarette in den Aschenbecher und schaut zum Fenster.

»Dieser Ausblick«, er zeigt auf den rauchenden Awatschinsky, dessen Gestein im Rot der untergehenden Sonne zu glühen scheint, »nimmt mir mein Heimweh.« Bascha lächelt.

Bleierne Müdigkeit überfällt mich. Die zwei wie Brüder aussehenden Männer haken mich wie einen Betrunkenen ein und weisen mir ein Kinderzimmer zu.

»Deutsche vertragen nichts«, urteilen sie. Von einem Jetlag wollen sie nichts wissen. Sie legen mich auf ein Bett, das nur meinen Oberkörper faßt. Ich ziehe die Beine an die Brust und schlafe ein.

Ich stehe auf und sehe nach, wie es Markus geht. Er schnarcht und liegt auf dem Bett wie ein Fötus im Mutterleib.

Im Wohnzimmer will ich ein Foto von der Runde schießen. Die Männer winken ab, das sei nicht erlaubt.

Kurz nach Mitternacht verabschiede ich mich und gehe zu den

Hunden, die bei der Bank unter den Birken liegen. Ich ziehe meinen Schlafsack aus dem Gepäck und verzichte auf unser Zelt. Mein Barometer verheißt trockenes Wetter.

Im Traum bin ich vier Jahre alt. Ich laufe mit einem Fotoapparat durch die Wohnung meiner Eltern, krabble unter mein Kinderbett, mache Schnappschüsse von Spielzeugautos ... Ich erwache. Es ist sieben Uhr morgens. Meine Gelenke schmerzen. Ich stehe auf, recke mich, schaue aus dem Fenster, sehe den Vulkan, der nun bläulich schimmert. Ich gehe durch die Zimmer, finde Bascha in einem zerwühlten Bett. Neben ihm liegt eine dickliche Frau. Sagte er nicht, seine sei schlank?

Ich verlasse die Wohnung, grüße den Wachtposten vor dem Hauseingang, atme frische Morgenluft, stehe auf der Wiese und sehe Ronald neben den Hunden schlafen. Ich lege mich dazu, schließe die Augen und träume mich elf Zeitzonen westwärts.

DER VULKANOLOGE

Vorgestern kamen wir an, heute brechen wir auf. Bevor es losgeht, haben wir noch einiges in der Stadt zu erledigen: Die Hunde brauchen Trockenfutter, wir Nahrung und – eine Waffe. Auf Kamtschatka leben die größten Braunbären weltweit. Und die zahlreichsten noch dazu.

Auf der Reise wollen wir nicht nur die Halbinsel durchqueren, sondern auch den Kljutschewskoi erklimmen. Das ist der größte Vulkan Eurasiens. 4750 Meter. Fast so hoch wie der Mont Blanc. Weil Markus so wenig vom Bergsteigen versteht wie ich, ist ein Experte gefragt: Professor Gennadi Karpow, ein angesehener Vulkanologe aus Petropawlowsk. Ein Bekannter von uns – er ist Reporter, hat einen Film über Kamtschatka gedreht und dabei den Wissenschaftler kennengelernt – gab uns dessen Adresse.

Im Vulkanologischen Institut steigen wir eine lange Treppe hinauf, zu der uns die Empfangsdame wies. Ich sauge den Geruch alter Bücher ein. An holzgetäfelten Wänden schweben metergroß gerahmte Schwarzweißfotos von Vulkanausbrüchen. Eines zeigt die Eruption des Awatschinsky vor elf Jahren. In Glaskästen liegt Lavagestein. Von der Decke hängen schwere Leuchter. Es ist still, ich vermute geistiges Schaffen hinter den Mauern.

Wir klopfen an die Tür des Professors und treten ein. Er sieht aus, wie ich ihn mir vorgestellt habe: heller Anzug, hager, weißhaarig und ein paar Altersflecken im Gesicht. Hinter ihm hängen zwei Landkarten, eine von Rußland, eine von Kamtschatka. Wir stellen uns vor und richten einen Gruß von unserem Bekannten aus. Der Gelehrte nickt, bietet uns zwei Stühle an, wir danken und sagen, was wir vorhaben. Er hört uns zu, spricht dann ruhig und besonnen und räumt uns Chancen für den Aufstieg ein. Wenn er merkt, unser Russisch reicht für seine Worte nicht aus, wechselt er ins Englische. Wir lägen nicht falsch, das Besteigen des Vulkans mit dem des Kilimandscharo zu vergleichen. Den haben wir auch noch nicht erobert, wissen aber von vielen Ungeübten, die seinen Gipfel erreichten.

Professor Karpow sagt, es gäbe zwei Routen auf den Kljutschewskoi. Für die eine bräuchten wir Steigeisen und spezielle Schuhe. Er holt ein Paar aus einer Ecke, deutet auf die metallbeschlagene Sohle und spricht von Erdöffnungen, sogenannten Fumarolen, aus denen heiße Schwefelgase entweichen.

Für den anderen, viel weiteren Weg reiche festes Schuhwerk, wetterbeständige Kleidung und ausreichend Nahrung. Näheres soll uns ein Kollege aus Kljutschi – einem Ort am Fuß des Vulkans – verraten.

Wir wollen wissen, wie aktiv der Berg derzeit ist.

»Er raucht«, meint der Fachmann, »wie eine Zigarette« Ich forsche weiter, frage wegen der Erdbeben, die hier sehr stark sein sollen. Der Wissenschaftler läßt seinen Blick durch das Fenster wandern, von dem aus er den Park mit den breiten Erlen einsieht.

»Nirgendwo«, antwortet er und dreht sich wieder zu uns, »ist die Erde so aktiv wie hier.« Die Halbinsel liege auf einem Feuergürtel, der sich bis auf die Südhalbkugel erstrecke. Drei tektonische Platten würden unter dem Territorium verlaufen. Die Seismologen hätten in zwanzig Jahren fast 40000 Erschütterungen gemessen und daraus geschlossen: Sie verstärken sich. Der Mann hebt den Zeigefinger. Wir würden schon spüren, wie die Natur hier arbeite. Zudem erwarte er bald einen gewaltigen Stoß, der einen Großteil der Stadt zerstören könne. Der

Professor wirkt – begünstigt durch die Sonnenstrahlen auf seinem welligen Haar – wie ein Prophet. »Den Behörden scheint alles einfach«, fügt er mit spöttischem Blick ein. Ihnen genüge es, wenn die Gebäude nicht höher als sechs Stockwerke gebaut werden. Der Wissenschaftler hat eine hohe Stirn mit vielen senkrechten Falten. Als er von einem schwimmenden Atomkraftwerk redet, graben sie sich tiefer als zuvor ein. Auf dem Pazifik, nahe der Stadt, soll es Energie für den Bezirk liefern. Als der Gelehrte mit seinem Team beim Bürgermeister erschien und Bedenken anmeldete, habe man die Delegation mit Abwinken bedacht. »Das ist Rußland«, schließt der Professor, und ich erinnere mich, das in diesem Land nicht selten gehört zu haben.

Wir drücken zum Abschied die Hand des Forschers, und ich frage mich, ob sie über ein Vulkangestein ähnlich gleitet wie über die Haut einer Frau.

IM WAFFENLADEN

Wir nehmen die Buslinie sechs. An der Endhaltestelle soll es einen Waffenladen geben.

Ein bulliger Verkäufer mit Stirnglatze und Hornbrille geht in einem bis zur Decke verglasten Séparée des Geschäfts auf und ab und telefoniert per Handy. Sein Verkaufsraum birgt ein gefährliches Arsenal verschiedener Sportgewehre, Jagdflinten, Pistolen und Revolver. Der Mann legt das Telefon beiseite und lauscht durch das ovale Sprechfenster Ronald, der nach einem Großkaliber fragt. Der Händler will den Waffenschein sehen. Als wir keinen vorweisen können, bietet er uns zwei Dosen mit Pfefferspray an. Andere Waffen dürfe er uns nicht überlassen. Wir nicken und hoffen auf das scheue Naturell der Bären. Außer den Sprays kaufen wir eine neue Landkarte von Kamtschatka und fünfzehn Tuben Mückenschutzsalbe »Komareks«. Die Bildaufdrucke von kläglich verendeten Blutsaugern verheißen solide Abwehrkräfte.

Der Ikarusbus holpert über die unebenen Straßen der Gebietshauptstadt. In den Kurven neigt er sich bedrohlich, und die Haltestangen zeigen, wofür man sie eingebaut hat. Wir fahren an einem Denkmal für Vitus Bering vorbei. Es heißt, er war der Gründer von Petropawlowsk und hat die Stadt nach seinen Schiffen, »Peter« und »Paul«, benannt.

Als wir am Flughafen aussteigen, sehe ich eine Frau, die meiner Katrin ähnelt. Meine Gedanken fallen in ein Loch, prallen auf, und ich frage mich: ›Was zum Teufel soll ich hier?‹ Vorhin waren wir in einem Supermarkt, der mich in seiner Pracht ganz und gar nicht an Rußland erinnerte. ›Fast wie zu Hause‹, dachte ich. Wir besorgten Trockenfutter, Brot, Speck, Konserven und Limonade. In der Drogerieabteilung blieb ich stehen, nahm ein Duschgel nach dem anderen aus dem Regal, klappte die Deckel auf, hielt mir die Packungen unter die Nase und sog die ausströmenden Düfte ein, so wie ich es in den Märkten daheim auch manchmal tat.

Ich fahre mir durchs Haar, beobachte die Hunde, wie sie die Futterbrocken zermalmen, Ronald, der das Gekaufte verstaut. Sommerluft umspielt mein Gesicht. Ich probiere ein Lächeln.

AUFBRUCH

»Wirst gleich sehen, wie schick sie aussehen«, sage ich voller Tatendrang zu Markus. Den Hunden werden kleine, knallrote Spezialrucksäcke aufgebunden, deren zerknautschte Taschen links und rechts der Flanken wie Schlappohren herunterhängen. Ich fülle sie mit Hundefutter. Die Vierbeiner sollen es selber tragen. Condor traue ich davon zehn, zwölf Pfund zu, Gina vier weniger.

Die Polstergurte um Bauch und Brust sitzen straff, die Taschen sind voll. Ich trete zurück, will sehen, wie die beiden das verkraften: Gina scheint der Last gewachsen, läuft ein paar Meter, sitzt dann im Gras, als wäre nichts. Der große Condor steht wie angewurzelt da. Ich rufe ihn. Er schwankt zu mir, legt sich unsicher hin, guckt mich entgeistert an. Ich nehme ihm etwas Futter ab. Siehe da, er wird quirliger.

Die Wanderung beginnt, wir eilen los wie aus Startblöcken. Ich strotze vor Kraft, spüre die dreißig Kilo auf meinem Rücken kaum. Mein

Rucksack wippt auf den Schultern wie ein Schulranzen. Die heiße Nachmittagssonne bescheint unsere Gesichter, die Luft trägt süßlichen Duft.

Die Fußballwiese hinter uns lassend, vorbei an einem runden Flachbau mit zugenageltem Eingang, erreichen wir die Kreuzung Petropawlowsk–Milkowo. Wir überqueren eine Brücke über die Awatscha und folgen einem krummen Sandweg. Er führt uns nach Jelisowo. Uns springt das Leben an: hupende Autos, Stöckelschuhgeräusche auf dem Trottoir, quietschende Kinderwagenräder. Wir überholen Passanten, sind übermütig, wollen Grenzen ausloten, die es für uns nicht zu geben scheint. Gina und Condor laufen neben uns her, sehen mit ihren Taschen wie Bergwachthunde aus. Der Rüde hebt alle paar Minuten sein Bein, wieselt mal weit vor, dann wieder zurück. Er scheint mir leicht verwirrt.

»Pause!« ruft Markus. Sechzig Minuten sind um. Wir bauen auf einen Rhythmus: Einer Stunde Körpereinsatz folgen zehn Minuten Ruhe. Aus den Erfahrungen früherer Reisen wissen wir, daß gleichmäßige Zeitabläufe die Kräfte schonen.

Unter einem vergoldeten Lenin atmen wir durch. Ich schüttle eine leichte Erschöpfung ab und leere eine Brauseflasche. Wir lockern uns auf, kreisen die Schultern. Dann sitzen wir stumm auf dem Sockel des Denkmals und blicken uns um: Autos rauschen vorbei, ein Linienbus hupt, eine kurzberockte Frau stoppt ihren Kinderwagen und beugt sich hinein, auf den Parkbänken sitzen ältere Leute und stecken die Köpfe zusammen.

Die nächste Stunde bringt Abwechslung: Die Schultern brennen, und im Steiß steckt scheinbar ein Dolch. Ronald fragt einen Mann nach dem Weg. Auf eine kurze Antwort hoffend, lassen wir die Säcke auf den Rücken. Der gut Sechzigjährige aber will nach seiner Wegbeschreibung wissen, was uns hierher getrieben hat. Dann erzählt er von seinem Sohn, der sich entschieden habe, seine Verlobte zu heiraten – eine viel zu dünne und im Haushalt kaum zu gebrauchende Frau. Ronald gelingt es durch einen Fingerzeig, die Aufmerksamkeit des Mannes in die Ferne zu lenken, die eine einsame feuerrote Wolke interessant macht. Der Mann verstummt für einen neugierigen Moment, wir finden Raum, Worte über unseren Weitermarsch zu plazieren, bedanken uns und folgen der Straße Richtung Feuerwolke.

Der Ort liegt hinter uns und damit auch das uns vertraute Leben einer Stadt. Nun werden keine mehr folgen. Jetzt beginnt die Natur mit ihren Wäldern, Wiesen, Bergen und Vulkanen. Der Weg führt mitten durch die Taiga. Noch ist er asphaltiert, noch riecht es nach Abgasen, vermischt schon mit dem Duft von Nadelbäumen und Moos.

Die Stunden vergehen, Markus erzählt weniger, verstummt bald. Meine Leichtfüßigkeit ist müdem Traben gewichen.

Condor fällt zurück, ich rufe ihn, er folgt träge. Die Szene wiederholt sich. Ich beginne mich zu sorgen. Wir halten an, heben uns gegenseitig die massigen Säcke von den Schultern. Ich untersuche den Rüden und sehe, was passiert ist: Der Riemen seines Gepäcks hat sich eng um seinen Hals geschnürt und wohl das Atmen erschwert. Ich lockere die Schnalle, mein Liebling sendet mir dankbare Blicke. Bevor wir weitergehen, nimmt Markus Condors Kopf zwischen die Hände, taucht die Nase in das Fell und nimmt die Folgen seiner Tierhaarallergie in Kauf: rote Zombieaugen und pausenloses Niesen.

ANGST

Halb zehn Uhr. Die Sonne scheint trotz der späten Stunde nicht zum Untergehen bereit. Wir verlassen die Straße, gehen in den Wald und finden eine Schneise zum Lagern. In der Nähe rauscht ein Bach.

Ronald sammelt Holz, ich errichte das Zelt. Erinnerungen an die Flußfahrt auf der Lena erwachen. Liegt auch hier ein Toter im Gras? Mit Schaudern denke ich zurück an das blasse Gesicht meines Freundes, an die Leiche mit dem Loch im Schädel …

Es dämmert, rasch kühlt die Luft ab. Wir rücken näher an das Feuer. Ich sehe zu Ronald. In seinen Augen leuchtet Neugier. Er scheint den Weg nach Norden in Gedanken abzutasten, scheint zufrieden. Mich stört schon jetzt das leichte Jucken auf der Haut, mein zerzaustes Haar, das Ziehen in den Schultern. Wortlos krieche ich ins Zelt.

Ich beobachte Markus, der sich im Schlafsack zusammenrollt, wie vorgestern auf dem Kinderbett. Ich würde meinem Freund gern Mut zusprechen, ihm sagen, daß das Heimweh schon verfliegen werde, wenn wir mitten im Abenteuer stecken, daß die ersten Reisetage für uns immer die schwersten waren. Die Worte erscheinen mir leer, unnütz, floskelhaft. Also schweige ich, schaue ins Feuer, streichle die Hunde. Sie dösen vor sich hin, haben heute kaum etwas gefressen. Auch sie müssen sich ans Unterwegssein gewöhnen. Vieles ist neu für sie: ihre Rucksäckchen, die Hitze, neue Gerüche ... Morgen werden sie gewiß hungriger sein.

Bevor ich schlafen gehe, lege ich den Proviant in einen wasserdichten Sack, rolle ihn zusammen und schaffe ihn wegen der Bären vom Lager fort. Gina bewacht Markus, Condor begleitet mich. Ich erklimme einen Baum und lege das Essen in eine Astgabel.

Gerädert schlüpfe ich in meinen Schlafsack und sehe die Hunde durch den Zeltspalt. Ich habe sie nicht angeleint. Hier, im Wald, sollen sie sich ruhig frei bewegen und das nahe Terrain als Revier einnehmen.

In der Nacht kommt die Angst. Gina bellt, laut und aggressiv. Wir schnellen hoch, ich denke an das lächerliche Pfefferspray, ergreife die Lampe, stürme aus dem Zelt, umschleiche es, sende Licht zu den Bäumen, zu den Hunden, die die Köpfe mal dahin, mal dorthin wenden. Das Bellen wird zum Knurren, verstummt. Ich krieche zurück ins Zelt, sinke in einen Halbschlaf, gewahr, wieder aufzufahren.

DIE IDEE

Am nächsten Morgen waschen wir uns im eisigen Bach, den der dichte Wald in schummriges Licht taucht. Wir stehen bis zu den Waden im Wasser, werfen es zähneklappernd gegen unsere Leiber.

Mit tauben Füßen huschen wir an Land, putzen die Zähne, säubern Geschirr und Besteck. Schließlich fische ich meine Uhr, die ein Thermometer besitzt, vom Bachgrund und zeige Markus erstaunt die Temperatur: 3,2°! Wir schauen zum sonnigen Himmel. Später werden wir schwitzen, auch wenn das jetzt unvorstellbar scheint.

Unterwegs rauscht der Verkehr vorbei. Die Blumen am Straßenrand sind verstaubt, im Gestrüpp liegen zerknitterte Plastikflaschen, LKWs stoßen Ruß aus. Werden wir das »Paradies Kamtschatka«, wie Ronald es nennt, im Norden finden?

Nachmittags rasten wir vor einer Böschung, die zum dichten Unterholz des Waldes führt. Die Rucksacklast ist unerträglich geworden. »Wir müßten Schubkarren haben«, sagt Ronald. »Rauf mit den Säkken und weiter!« Freudig begutachtet er unser Gepäck, nimmt mit den Händen Maß, scheint seine Idee schon bildhaft vor sich zu sehen. Sie gefällt auch mir. Nicht weit von uns zweigt eine Straße ab, auf dem Wegweiser lesen wir »Korjaki«. Dort soll unser Wunsch Wirklichkeit werden.

Im Dorf, benannt nach dem nahen Vulkan, scheinen sich die Holzhäuser vor ihm zu ducken. Die Strommasten stehen schief, Fliegen summen, es riecht nach Stall, auf der Straße liegt Kuhdung. Ein Traktor naht mit ratterndem Motor. Der Fahrtwind weht etwas Heu vom Anhänger.

Wir stehen vor einem Gemischtwarenladen, in dem es solche Karren, wie wir sie gern hätten, geben könnte. Nach der Aufschrift an der Eingangstür öffnet er erst in zwei Stunden. Wir schlendern zu einem nahen Bach, setzen uns auf ein Brückengeländer und lassen Gina und Condor im Wasser spielen.

Fahrradklingeln erschallen, wir drehen uns um, sehen in neugierige Bubengesichter. Die Kinder plappern wild durcheinander. Als sie erfahren, worauf wir warten, wollen sie die Verkäuferin des Geschäfts bitten, es früher zu öffnen. Nach Minuten ruft uns eine Frauenstimme. Der Laden führt »Schauma«, »Pampers« und Heimwerkerzeug. Aber keine Schubkarren. Wer eine brauche, sagt das Fräulein, baue sie sich selbst. Wir verlassen das Geschäft, sie schließt hinter uns ab.

Im Zentrum des Ortes stoßen wir auf einen Basar. Eine alte Frau sitzt regungslos auf einem Holzschemel. Trotz der Wärme trägt sie einen dicken Mantel. Das geblümte Kopftuch ist ihr halb über die Augen gerutscht. Vor ihr steht ein Kinderwagen, der statt eines Korbs eine Tischplatte besitzt. Radieschenbündel und Knoblauchzöpfe liegen darauf. Matt glänzen Blaubeeren in farblosen Plastikeisbechern. Als wir pantomimenreich unser Anliegen vortragen, blinzelt uns die Alte verschlafen an, zuckt die Schultern und klagt:»Kinder, was wollt ihr?« Eine jüngere Kollegin tritt zu uns, schiebt die Hände unter die Träger ihrer Latzhose und enträtselt, was wir brauchen.

»Datschki«, sagt sie mehrmals, während sie uns mit breit nach vorn gestreckten Armen, geballten Fäusten und schlingerndem Gang vor sich sieht. Sie zeigt uns ein beflaggtes Gebäude: das Rathaus. Der Bürgermeister werde uns helfen, versichert sie.

Die blonde Sekretärin ist dick, aber flink. Erst setzte sie Teewasser für uns auf, nun wühlt sie in einer Schublade, entnimmt ihr eine Bonbonniere und stellt sie uns mit geöffnetem Deckel auf den Tisch.

»Nehmt nur«, ermuntert sie uns. Wir greifen zu und schmunzeln: Pralinen, die Vulkanen ähneln. Während wir naschen, sehe ich mich um. Die Wände sind aus dunklem Holz, das vergilbte Fotos und eine Art Gobelin beleben. Im großen, braunen Aktenschrank sind die Ordner nach Jahreszahlen sortiert. Von einem Bild auf dem Bürotisch lächeln mich ein Mann mit Schapka und drei Kinder in übergroßen Winterjacken an.

»Die Arbeit ruft«, hören wir eine Männerstimme aus der Tiefe des Flurs. Die Sekretärin erklärt, daß der Bürgermeister das immer zum Dienstbeginn sage.

»Aha, Touristen«, begrüßt uns der kleine, beleibte Mann. Trotz seines Alters jenseits der Fünfzig ziert sein Haupt volles, dunkles Haar. »Aus Amerika?« Wir korrigieren.

»Das ist besser. Wie kann ich helfen?« Wir tragen unseren Wunsch vor. Der Bürgermeister überlegt.

»Vielleicht fragen wir einen Bauern?« werfe ich ein.

»Hm, die brauchen ihre Schubkarren selbst.« Der Mann sieht zu uns, dann aus dem Fenster. Seine Finger klopfen auf die Tischplatte. Plötzlich redet er auf die Sekretärin ein. Sie schenkt uns gerade Tee nach und nickt bei jedem Wort des Mannes. Der geht von dannen und kehrt Minuten später zurück. Wir sollen mit nach draußen kommen. Stolz präsentiert er seine Lösung: eine schmale Ziehkarre und ein Kinderwagen. Das teils abgeschabte Chrom der Gestänge funkelt in der heißen Sonne und nährt unsere Zuversicht. Das Vorankommen wird nun gewiß leichter sein. Der Bürgermeister setzt sich auf die blaue Bank neben dem Vorgarten und lächelt uns an. Die Sekretärin steht im Türrahmen, verschränkt ihre Arme über der großen Brust und kichert, als wir die Gefährte auf dem rissigen Trottoir zur Probe hin- und herschieben. Der Ortsvorsteher verrät uns, daß er in dem Kinderwagen früher seinen Sohn gefahren habe, der nun schon in der Lehre sei. »Wie die Zeit vergeht«, sagt er verträumt. Wir laden das Gepäck auf die Karren, winken unseren Helfern und brechen auf. Die Burschen von vorhin nähern sich, umkreisen uns mit ihren Fahrrädern und lassen dabei unentwegt ihre Klingeln schellen.

SASCHA

Markus und ich füllen unsere Trinkflaschen im Bach. Dann lehnen wir uns an das Brückengeländer und genießen den Blick auf das rasch fließende, kristallklare Wasser und die grünbewachsenen Ufer. Hier, abseits der Stadt, tut mir das Atmen fast weh, meine Nase ist solch saubere Luft nicht gewöhnt.

Während mein Freund den beladenen Kinderwagen schiebt, ziehe ich das zweirädrige Gestell, an dem ich meinen Rucksack mit einem langen Riemen befestigte.

Ein Junge – er mag zwölf Jahre sein – spaziert in einigem Abstand neben uns her. Das redefreudige Kerlchen mit dem kurzen, feingekräuselten Haar heißt Sascha und antwortet auf die Frage, warum er nicht lieber ins Dorf zurückkehrt: »Mir ist dort langweilig.« Der Bursche sagt, er will nicht wie sein Vater leben, als Bauer auf dem kleinen Hof, er will weg, die Welt sehen, so wie wir. Er mustert das Gepäck und die Hunde. Condor erwidert den Blick, beäugt argwöhnisch den Fremdling, dem sein grünes T-Shirt liederlich aus der knielangen Stoffhose hängt. Der Halbwüchsige erzählt und gestikuliert und ist plötzlich ganz nah bei uns. Condor knurrt, macht einen Satz zu ihm. Erschreckt weicht der Junge zurück, wird verlegen. Ich ermahne ihn mit dem Zeigefinger, obwohl ich weiß, daß meine Hunde nur auf Befehl beißen.

Wir ermuntern Sascha erneut umzukehren. Er aber folgt uns unverdrossen. Erst nach einer Stunde werden seine Schritte langsamer. Er ruft uns noch etwas zu, was wir nicht verstehen und läuft zurück.

Die Uhr zeigt halb acht. Über dem Asphalt flimmert noch die Luft. Wir erreichen einen Rastplatz. Aus einer kleinen schwarzen Bude steigt Rauch, es duftet nach Grillfleisch. Wir setzen uns an einen der Tische. Aus dem Schilfdach über uns flattert ein Sperling ins Freie. Am Nachbartisch unterhalten sich drei Fernfahrer.

Ein schnauzbärtiger Verkäufer serviert uns Schaschlik in weißen Plastikschälchen, garniert mit Ketchup und feingehacktem Schnittlauch. Wir langen kräftig zu, ich schmatze vor Hochgenuß. Die kurze Rast ist wie ein Durchatmen auf dem langen Weg zum Ziel.

Der Verkäufer wedelt mit einer Zeitung über dem Grill, das Holz glüht nun kräftiger. Dann bringt uns der Mann zwei neue Portionen. Wir haben sie nicht bestellt. Aber in den Mägen ist genug Platz.

Es ist noch hell, doch fast schon Nacht. Zeit für einen Lagerplatz. Ich folge Ronald in einen schmalen Waldweg. Bald erreichen wir eine große Wiese, die sich bis auf die Ausläufer eines Gebirges zieht und sich dann vor steilem, schroffem Gestein verliert. Tiefrot leuchtet es in der Sonne. Wir stehen nur da, genießen den Anblick. Zahllose Mücken sirren herbei, entzaubern schmerzvoll den Moment.

Später im Zelt rechne ich: 28 Kilometer seit dem Start. Zuwenig zum Freuen, zuviel zum Verzweifeln.

HUNDEFUTTER

Frühstück. Heute auf dem Speiseplan: Hundefutter. Eigentlich sollte es Speck und Brot geben. Markus hat schon Besteck, Brettchen und Tassen ausgepackt und auf dem leeren Zeltsack drapiert. Doch Speck und Brot sind weg. Gestern, vor dem Schlafengehen, versteckte ich den Proviant abseits des Lagers im hohen Gras und bedeckte ihn mit einem Aluminiumtopf. Jetzt finde ich ihn umgekippt vor. Ich ärgere mich, das Essen nicht wieder in einen Baum gelegt zu haben.

Das Trockenfutter schmeckt nach alten Salzstangen. Doch es sättigt und stärkt.

Mein Thermometer speicherte gegen vier Uhr morgens: 1°. Das

heißt, schon hier, noch nicht einmal zwei Tagesmärsche vom Meer entfernt, beginnt das Kontinentalklima. Bald werden wir auf das lange Kamtschatkatal stoßen, an das zwei hohe Gebirgszüge grenzen. In den wenigen Büchern, die es über die Halbinsel gibt, las ich, daß die Werte im Winter auf bis zu minus fünfzig Grad absinken können. Nun, im Sommer, liegen sie über achtzig Grad höher. Markus ist redefaul, denkt sicher an Katrin. Auch ich vermisse meine Sylvia. In zwei, drei Monaten werde ich sie wiedersehen. Jetzt aber bin ich unterwegs und habe die Chance, auf ursprüngliche Weise ein Teil dieser Landschaft und ihrer Menschen zu werden. Abermals befriedige ich meine Neugier auf die Welt. Für die Heimat habe ich noch das ganze Leben Zeit.

Manchmal fährt ein LKW vorbei und bringt Fahrtwind mit. Danach glüht wieder die Luft.

In der nächsten Pause flüchten wir und die Hunde in die Schatten der Bäume. Unweit von uns steht ein verrosteter Wegweiser, von dem nur noch die erste Silbe –»Les...« – zu entziffern ist.

Wir gehen weiter. Gina sorgt für Aufregung. Die »Dame« läuft lieber auf Asphalt statt auf dem sandigen Straßenrand. Selbst als ein Lastwagen vorbeifegt, setzt die Hündin ihren Weg mit stoischer Ruhe fort, legt nur die Ohren an und schließt im wirbelnden Staub die Augen. Ich gebe ein neues Kommando aus:»Dahin!« – und zeige zum Fahrbahnrand. Nach mehreren Wiederholungen verstehen es Condor und Gina.

Auf einmal spitzen sie die Ohren, laufen voraus. Ob sie ein Gewässer wittern? Tatsächlich! Da ist eins! An vielen zögen wir ohne die Hunde ahnungslos vorbei.

Wie ein langes Band ist der Asphalt vor uns ausgerollt und verschwindet im fernen Dickicht eines mächtigen Berges. Wir befinden uns auf vierhundert Metern Höhe, die Anstiege strecken sich, führen kaum abwärts. Fußsohlen und Fersen schmerzen, als liefen wir in brennenden Schuhen.

DAS GEBROCHENE RAD

Nach jeder Stunde tauschen Ronald und ich die Transportmittel. Mal ziehe, mal schiebe ich das Gepäck. Mit dem Kinderwagen ist es einfacher, denn ich kann auf der Fahrbahn den Steinen ausweichen, deretwegen die Ziehkarre oft umkippt. Manchmal streift mein Blick über die saftiggrünen Bergkämme. Sie scheinen mit einem Spaziergang bezwingbar. Dann wieder nahen Momente voll Wehmut, und ich verfluche jede Asphaltpore. An der Ziehkarre bricht ein Rad. Wir begutachten das Malheur und wissen: Da ist nichts mehr zu reparieren. Bleibt der Kinderwagen. Wir wechseln uns mit ihm ab. Der, der den Rucksack schultert, spürt, was er an der Karre hatte.

Am Nachmittag dreht der Wind, weht frisch von den östlichen Gipfeln und streichelt das Gras. Meine Lippen sind rauh, schmecken salzig. Die Schritte werden schwer, die Schläfen pochen.

Wieder ist eine Stunde um, wir rasten, trinken etwas Wasser. Ich ziehe meine Schuhe und Strümpfe aus, lüfte die wunden Füße, lege den Kopf in den Nacken, träume vor mich hin.

Heute schafften wir 25 Kilometer.

Wir sitzen neben einem Birkenwald, atmen Harzduft, lauschen den Grillen. Der Tag hat noch zwei Stunden.

Trotz der Straße fühle ich mich menschenfern. Der Bürgermeister, seine Sekretärin, der kleine Sascha, der Schaschlikverkäufer – sie scheinen aus einem anderen Leben. Was nur hat sich verändert, seit wir die Erde auf Fahrrädern, die gewaltige Lena mit Booten bezwangen? Ich höre noch die surrenden Reifen und das plätschernde Wasser. Einst wichen in der weiten Welt meine Sehnsüchte und Sorgen unvergeßlichen Erlebnissen: Das trockene Krachen eines westsibirischen Gewitters, der Moment, wenn die ersten Regentropfen auf das Zeltdach trommeln, die Gewißheit, unter ihm sicher zu sein; wie ein gelber, runder Mond sein Licht auf die mongolische Steppe wirft, der Kosmos greifbar wirkt; wie ein Stein in die Lena klatscht und die lähmende Taigastille zerschneidet.

Diese Reise durch Kamtschatka scheint mir dagegen nur eine Kilometeransammlung, ein Hindernis. Die Heimat ist da, wenn ich die Lider schließe. Dann höre ich Katrins Stöckelschuhschritte im Hausflur, bevor sie die Wohnungstür aufschließt, fühle ich ihre Wimpern an meine Wange schlagen. Öffne ich die Augen, soll ich mich mit den stummen Birken und der steilen Böschung anfreunden, mit dem Hundefutter, dem Klee, den wir kauten, um den Geschmack im Gaumen zu wechseln.

Ronald, so scheint mir, ist meinen Gedanken näher als geglaubt. Er sagt, ihm fehle die Kraft für ein Lagerfeuer. Ich zünde mir eine Zigarette an. Auch meinem Gefährten verlangt danach. Der Nichtraucher pafft gleich drei hintereinander. Plötzlich lachen wir auf – und verstummen wieder.

NATSCHIKI

Der vierte Tag. Markus öffnet das Zelt. Ich denke mit Grauen daran, meine Schuhe anziehen zu müssen. An meiner rechten Ferse hat sich eine Blase gebildet, groß wie ein halbes Ei. Ich setze mich in den Zelteingang, erhitze eine Nähnadel mit einem Feuerzeug und treibe sie in die pralle Schwellung. Markus, dessen Hacken nur verschorft sind, schaut mich mitleidsvoll an. Das Wundwasser sickert aus der Beule, ich desinfiziere die Stelle mit einem speziellen Gel und verbinde den Fuß.

Wir haben nichts mehr für ein Frühstück. Nicht für uns und nicht für die Hunde. Wir brechen auf, müssen das nächste Dorf erreichen.

Nach einer Stunde ist auch das Wasser aufgebraucht. Gina und Condor hecheln. Es ist bulligheiß und windstill. Ich sorge mich um sie.

Die weit einsehbare Straße ist wie leergefegt. Da erblicken wir ein Schild, das auf eine Siedlung verweist. Sie ist einen Kilometer entfernt. Erleichtert folgen wir dem staubigen, unebenen Weg durch hohe, dichte Büsche. Auf halber Strecke versperrt uns ein breites, mit Stahlstreben verschweißtes Werktor das Weiterkommen. Um das fußballfeldgroße Gelände zieht sich ein hoher Zaun mit wirren Stacheldrähten. Dahinter erkennen wir ein verlassenes Pförtnerhäuschen und drei kleine, schmutziggraue Fabrikhallen. Wir rufen mehrmals »Hallo!«. Nur das Echo antwortet. Ratlos kehren wir um.

Am Nachmittag sehen wir am nordöstlichen Horizont Häuser. Ich breite die Landkarte aus: Der Ort heißt Natschiki. Ronald lächelt mit aufgesprungenen Lippen.

Wir erreichen einen Wegweiser, der ein Rentier und einen winkenden Hirten abbildet. Das Dorf liegt einen halben Kilometer abseits der Straße. Um schneller zu sein, lassen wir das Gepäck zurück, lehnen es an einen schattigen Baum, binden die Hunde daran fest und ziehen los. Der Pfad zur Siedlung führt durch hohes Gras, dann über eine kleine Brücke. Die Häuser werden größer. Für einige Momente scheinen mir die vierstöckigen, grauen Plattenbauten so verlassen wie die Fabrikhallen hinter dem Stacheldraht. Dann entdecke ich auf einigen Balkonen gespannte Leinen mit bunter Wäsche und atme auf.

Wir gehen an einem Gebäude mit hohen, zertrümmerten Fenstern vorbei. Danach erreichen wir einen Hauseingang, über dem das verwitterte Schild mit der Aufschrift »Magasin Esprit« einen Einkaufsladen verrät. Ich strecke die Hand zwei Schritte früher zum Türknauf, greife ihn und rüttle vergebens. Der Eingang ist verschlossen.

Wir suchen nach einem weiteren Geschäft. Es gibt keins. Betrübt kehren wir zum »Esprit« zurück und ruhen uns auf einem wackligen Vorgartenzaun aus.

»Geht es euch gut?« Wir drehen uns zu der Stimme und schauen in ein kantiges Männergesicht mit braunen Augen. Der Bursche ist in unserem Alter und ähnelt Lothar Matthäus. Für einen Augenblick höre ich Stadiongesänge, das dumpfe Geräusch eines weggekickten Fußballs; wir sitzen vor dem Fernseher, aus dem Heribert Faßbender gleich Brasilien zum Sieger und die Weltmeisterschaft für beendet erklären wird. Der Schiedsrichter pfeift ab und gibt damit gewissermaßen auch das Startsignal zu unserer Reise. Das ist erst ein paar Tage her.

»Ihr seht nicht gut aus«, urteilt der Mann und holt mich in die Gegenwart. Er tastet seine Jeanskleidung ab, scheint erfolglos nach etwas zu suchen. Ich biete ihm eine Zigarette an, er greift dankbar zu.

»Aleksander«, stellt er sich vor, reicht uns die Hand und setzt sich zu uns auf den Zaun, der nun bedrohlich schaukelt. Kurzes Schweigen, Rauch steigt auf, es riecht nach Tabak. Ronald zeigt auf die Ladentür.

»Vielleicht ist die Verkäuferin ja zu Hause«, überlegt der Bursche. Er erhebt sich und läuft schnurstracks in einen uns gegenüberliegenden

24

Hausflur. Wir gehen hinterher und warten im Eingang. Es riecht nach verschmorten Kabeln, den kahlen Deckenbeton durchziehen lange Risse, die Wände sind olivgrün. Jemand ritzte »Oleg« ein, daneben eine zittrige Kreidezeichnung: ein rennendes Schwein samt Staubwolke. Eine »Ding-Dong«-Klingel im oberen Stockwerk, eine Tür öffnet, Aleksanders Stimme und die einer Frau. Sie wird lauter, er leiser. Sie redet von nassen Haaren und Lockenwicklern. »Zwei junge Männer? Na und?«, sagt sie schrill und knallt die Tür ins Schloß. Aleksander kommt die Treppen herunter, zuckt die Achseln.

»Dann gehen wir zu mir.« Er nimmt einen weiteren Hauseingang ins Visier.

Die Treppen folgen keinem Maß. In der zweiten Etage schließt er eine Wohnungstür auf und bittet uns in einen schmalen Korridor mit welligem Linoleum. An den rötlichen Wänden hängen schwarz-weiße, mit Stecknadeln befestigte Schnappschüsse lächelnder Kinder im Schnee, tanzender Damen in Trachten und einer Großmutter mit einem Weinglas in der Hand. Aus einem Nebenraum dringen Stimmen und helles Lachen. Eine rundliche Frau mit Bubifrisur, roten Wangen und buntgestreiftem Pulli eilt uns entgegen.

»Mama, das sind Markus und Ronald«, macht Aleksander uns bekannt. Sie schüttelt kraftvoll unsere Hände, führt uns ins Wohnzimmer und weist uns eine gemütliche Couch unter einem Wandteppich zu. Behend deckt die Mutter den Tisch. Er füllt sich mit Wasserkaraffe und Tellern voll Brot, Knoblauchwurst, gebratenen Eiern und Grießbrei. Immer wieder springt die Frau auf, holt Salz, bringt Zucker. Und wenn ich glaube, nun bleibt sie im Sessel sitzen, treibt es sie wieder in die Küche. Während wir schlemmen, lehnt Aleksander im Türrahmen und unterhält sich mit einer jungen Frau, schön wie ein Bild. Er hat sie uns wie eine Kostbarkeit vorgestellt und gesagt, sie sei seine Gattin Tatjana.

Ronald rührt sich Zucker in den Tee und fragt die Mutter, was das da am Ortseingang für ein Haus sei, mit eingeschlagenen Fenster und zugenagelten Türen.

»Ach, Kinder«, erwidert sie und steht mit einem Messer an der Küchenschwelle. »Das war unser Sanatorium. Es fehlen die Gelder. Damals, im Sozialismus, war es ein schönes Leben. Wir hatten viele

Kurgäste aus der ganzen Sowjetunion.«Sie sagt, sie habe dort am Empfang gearbeitet und manchem Mann den Kopf verdreht. Sie kichert. Aleksander setzt sich neben uns. Er sagt, er und seine Frau seien hier heute zu Besuch. Sie wohnen in Jelisowo. Die Stadt mit den quietschenden Kinderwagen und dem goldglänzenden Lenindenkmal. Dort gäbe es wenig Arbeit, hier keine. Er sei Bäcker und hänge an seinem Job.

Zur Mutter blickend, die am Herd hantiert, vertraut er uns an, sich Sorgen um sie zu machen. Sein Vater sei vor einem Jahr gestorben, und Aleksander werde das Gefühl nicht los, sie ignoriere das. Fast immer, wenn er frei habe, fahre er zu ihr. Ich frage ihn, ob er Geschwister habe. »Ich hatte eine Schwester«, sagt er. »Sie war krank, wie der Vater.« Welche Krankheit er wohl meint? Ich verstehe die folgenden Worte nicht und mag nicht fragen. Auf einmal steht er auf, ermuntert uns zum Weiteressen und geht zum Fenster. Ich sehe seine leicht gebeugte Silhouette, die das einfallende Tageslicht zeichnet. Er wirkt, als müßte er in den Arm genommen werden, damit er wieder aufrechter stehen kann.

Wir brechen auf. Die Mutter steckt uns eine große Wasserflasche, das restliche Brot und die Knoblauchwurst zu. Als wir winkend die Treppen hinabsteigen, steht die Frau im Türrahmen und drückt uns mit erhobenen Armen die Daumen.

Auf der Straße holt uns Aleksander ein. Er will die Hunde sehen. Unterwegs zeigt er uns, warum Natschiki über die Ortsgrenzen hinaus bekannt sei: heiße Quellen.

»Wer drin badet, wird gesund«, sagt er. »Na ja, nicht jeder.« In der Grube mit den blubbernden Blasen sitzen zwei Frauen, halten die Augen geschlossen und die Gesichter in die Sonne.

»Seht mal«, sagt Aleksander, weist auf ein quer über die Straße fließendes Rinnsal und hält seine Hand hinein »Los, ihr auch.« Wir verbrennen uns fast die Finger. »Da staunt ihr, was?« Wir staunen nicht schlecht, und unseren Gliedern hätte ein Bad in der Blubberwassergrube sicher gutgetan. Doch wir wollen vor Anbruch der Dunkelheit Sokotsch, den nächsten Ort, erreichen. Dort soll es, wie Aleksander gesagt hat, mehrere Lebensmittelgeschäfte geben.

Nach dem ausgiebigen Mahl fallen uns die Schritte wesentlich leichter. Aleksander geht neben uns her. Ich sehe ihn an, lächle und weiß, daß uns nicht nur unsere Füße ans Ziel führen, sondern auch Menschen wie er und seine Mutter.

Der staubige Weg liegt hinter uns, wir erreichen die Hauptstraße. Gina und Condor erblicken uns mit dem Fremden, spitzen die Ohren, schlagen an.

»Schöne Tiere«, lobt Aleksander, vom Gebell unbeeindruckt. Seine Augen leuchten. Während Ronald den Hunden einen Topf mit Wasser füllt, erzählt der Mann von längst vergangenen Sommerferien bei der Tante, und wie er und seine Schwester jeden Tag mit dem großen Hofhund zu einem nahen See wanderten.

Er lächelt uns an und sagt: »Besucht mich in Jelisowo. Ich backe euch ein besonders großes Brot.« Er verabschiedet sich und geht den Weg zurück.

Eine Begegnung – kurz, aber intensiv. Ein kleiner Stich in die Seele, tief genug und unvergeßlich.

Abends passieren wir den Ortseingang von Sokotsch. Wolken sind aufgezogen, doch es regnet nicht. In der Luft liegt ein Hauch Jasmin. Auch diese Siedlung erscheint trostlos. Nach unseren Reisegesetzen aber ist das kein Maßstab dafür, ob wir den Ort ins Herz schließen werden oder nicht. Die Menschen hinter den dunklen Fenstern müssen uns nicht fremd bleiben.

Der Lebensmittelladen ist auf den ersten Blick nicht zu erkennen. Es könnte auch eine Parterrewohnung sein. Die bräunliche Hauswand, deren Farbe den Staub und Ruß von Jahrzehnten aufgesogen haben muß, trägt ein Kreideherz. Links davon ein schiefes »A«, rechts davon ein schieferes »K«.

Beim Betreten des Geschäfts entscheidet unser Magen: Wiener Würstchen, goldgelbe Käsescheiben, warmes, weiches Brot, würziger Speck, Joghurt ... Die Verkäuferin packt unsere Einkäufe in einen Plastikbeutel mit dem Abbild einer halbnackten Frau. Während Ronald noch überlegt, was er den Hunden als Leckerei mitnimmt, beiße ich in das knusprige Brot.

KOSAKEN

Markus und ich sitzen auf den Treppenstufen zu einem Flachbau, schmausen mit vollen Wangen und spülen hin und wieder einen Schluck Brause nach. Mein Blick wandert zufrieden über eine weite Wiese, auf der eine Kuh weidet, zu den dunklen Bergen am Horizont. Auf einer der Erhebungen liegt – wie schlafend – ein einsames Wölkchen. Es riecht jetzt nach Humus, Vögel zwitschern, Kinder spielen zwischen den Häusern Fangen. Sie lachen und kreischen. Ein Lada Niva biegt von der Hauptstraße ab, nähert sich und stoppt vor uns. Dem Jeep mit der verblichenen Gelblackierung entsteigen zwei Männer. Der Fahrer ist mittelgroß und breitschultrig, mit finsterem, auffällig vernarbtem Gesicht. Der Begleiter ist mehr als einen Kopf kleiner und trägt einen dunklen Vollbart. Sie fischen drei Taschen aus dem Kofferraum und nehmen die Stufen zum Eingang, vor dem wir sitzen.

»Woher kommt ihr?« fragt uns der Bärtige, während er an einem Bund den passenden Haustürschlüssel sucht. Wir antworten und erkundigen uns nach Schubkarren. Der Mann hebt die Brauen und fragt, ob er sich verhört habe. Als wir ihm Details unseres Vorhabens schildern, lacht er auf und nickt.

»Viktor Iwanowitsch«, stellt er sich vor. Dann weist er auf seinen Begleiter, der wie ein Bodyguard neben ihm steht. »Sergej Bogdanowitsch, mein Chauffeur. Ein Ukrainer, so wie ich. War Landesmeister im Ringen.«

Während ich mich frage, warum er uns das erzählt, schließt er die Haustür auf und bittet uns hinein. Durch das matte Glas der Fenster fällt gedämpftes Tageslicht. Wir passieren einen langen Korridor. Der Kleinwüchsige spricht schnell und undeutlich, wir verstehen nur, daß er ein Museum leitet. Nach einer weiteren Tür betreten wir einen quadratischen, festlichen Raum. Die Wände schmücken gelbe und dunkelblaue Vorhänge sowie auf Pappe gezogene Fotos von Denkmälern und Flugzeugen, meist aber von uniformierten Männern mit steinernen Blicken und hohen, eimerförmigen Mützen.

»Das sind Kosaken«, verdeutlicht der Mann, nachdem wir ihn baten, etwas langsamer zu reden. »Wir sind eine große Familie.« Am meisten verehre er seinen Großvater. Viktor verweist auf das Foto eines greisen Alten, der über das ganze Gesicht strahlt.

»Er war ein Ataman, ein Anführer. Was er mir alles beigebracht hat.« Der Bärtige tritt näher an das Bild und betrachtet es, als könne er auf diese Weise noch mehr von seinem Vorfahren lernen.

Ich grüble, was ich von dem Museum halten soll. Über Kosaken las ich nichts Gutes: Zar Peter der Große hatte kriminelle Kosaken zu seinen Untertanen gemacht und in die unermeßlichen Weiten jenseits des Ural gesandt. Dort hatten sie riesige Gebiete für die Zobeljagd zu erobern. Ihr Anführer soll ein gewisser Wladimir Atlasow gewesen sein. Ein brutaler Kerl, der mit seiner Gefolgschaft ein Gemetzel unter den Ureinwohnern angerichtet hatte und auf diese Weise bis nach Kamtschatka vorgedrungen war.

»Seid ihr stolz auf eure Geschichte?« frage ich.

»Natürlich!« poltert der Bärtige. »Nicht, Sergej?«

Mehr als ein zustimmendes Brummen will dem Fahrer nicht entweichen. Er steht neben der Tür und betrachtet das Bild eines stattlichen Pferdes. Der kleine Viktor durchmißt den Raum, sagt: »Kommt, das müßt ihr auch noch sehen!« und führt uns in ein weiteres Zimmer. Dort zeigt er uns filigrane Schnitzereien, die säbelschwingende Reiter darstellen. Dann gehen wir zu einer Vitrine mit nostalgischen Fotoapparaten.

»Wartet«, flüstert er, nimmt eine klobige Praktica in die Hand und tippt auf die Seriennummer: eine »1« mit etlichen Nullen davor. Wir raunen. Der Mann lächelt selig. Plötzlich durchzuckt es mich, denn im Glas der Vitrine spiegelt sich das Gesicht des Chauffeurs. Ich fahre herum.

»Habe als Schüler einen Fotowettbewerb gewonnen«, offenbart er und schmunzelt. »Ich habe den Dnjepr fotografiert.«

»Davon hast du nie erzählt«, wundert sich Viktor und stellt die Kamera zurück.

Als wir das Museum verlassen, fragen wir den Fahrer, wo wir den Bürgermeister finden. Der bullige Mann feixt, nickt nach vorn und sagt: »Da geht er.«

Viktor dreht sich um und verkündet nachdrücklich, wie als Versprechen: »Ihr sollt eure Schubkarren bekommen.«

Der Chauffeur schließt den Lada auf. Viktor bittet uns einzusteigen und ist optimistisch, uns mit Hunden und Gepäck im kleinen Auto unterzubringen. Es funktioniert tatsächlich! Wieso zweifelte ich? Hier gelten andere Maßstäbe als daheim, hier ist vieles möglich, was nicht möglich scheint.

Wir kauern mit den Vierbeinern im Fond des Wagens, der durch tiefe Sandkuhlen schaukelt, erreichen die Asphaltstraße und befahren sie in die Richtung, aus der wir kamen. Unweit von Natschiki soll sich ein Ferienlager der Kosaken befinden. Das, meint Bürgermeister Viktor, wird unser Schlafplatz sein.

IM FERIENLAGER

Wir rauschen an Natschiki vorbei, ich sehe Aleksanders Lächeln vor mir, seine Mutter, die in die Küche eilt. Dann biegen wir in einen Waldpfad ein und erblicken bald ein grünliches Häuschen.

»Kinderlager«, verdeutscht Viktor. Wir steigen aus, es riecht nach Bohnensuppe. Im nächsten Augenblick umzingeln Ronald und mich ein Dutzend Buben – vielleicht Sechstkläßler. Sie wollen meine klobige Armbanduhr erklärt wissen. Wäre mein Russisch gut genug, könnte ich sagen, daß wir mit dem Gerät über mehrere Satelliten die Koordinaten empfangen, auf denen wir uns bei einer Messung befinden und daß sich so die zurückgelegten Kilometer berechnen lassen. Ich binde die Uhr ab und lasse sie von den Kindern inspizieren. Auf einmal aber ist sie nicht mehr wichtig. Die Burschen geben sie zurück und laufen einem drahtigen, silberhaarigen Mann um die Fünfzig entgegen. Er trägt einen braunen Trainingsanzug, macht schnelle Handbewegungen und heißt Gennadi.

»Sie durchwandern Kamtschatka«, erzählt ihm Viktor von uns. Der Mann nickt kurz und sagt, er wolle den Fahnenappell beginnen, zu dem auch wir eingeladen seien.

Nachdem Ronald die Hunde mit je drei Gurten an einen Torpfosten gebunden hat, gliedern wir uns mit dem Bürgermeister und seinem Fahrer in die Reihen der Kinder ein. So wie sie und ihr zweiter Erzieher – ein bebrillter, junger Mann – richten auch wir unsere Augen auf

Gennadi. Er steht neben einer Fahnenstange, an der die russische Flagge wie abgestorben hängt, verschränkt die Arme auf dem Rükken und kommandiert leise, aber zackig. Dann spricht er gelöster und läßt den Tag Revue passieren. Nach jedem Satz verstreichen bedeutsame Sekunden. Die Kinder hören der Fistelstimme zu, als verbreite sie Geheimnisse. »Ataman«, flüstert uns Viktor über den Redner zu. »Wie mein Großvater.« Gennadi habe den schwarzen Gürtel in Karate und verfasse Gedichte über Kosaken. Der Bürgermeister glaubt wohl, auf seinem hinteren Stehplatz den Appell nicht zu stören. Als ein strenger Blick des Sprechers herüberflankt, verstummt Viktor und scheint sich ertappt zu fühlen.

Trommelwirbel, ein Schüler tritt vor und holt die Staatsflagge ein, die auf dem letzten Meter von einem Windstoß erfaßt wird. Der Stoff erschlafft wieder und umhüllt den Kopf des Jungen. Wie diese Szene wollen auch das Holzhäuschen, das mich an die verfallene Gartenlaube meines Großvaters erinnert, der Suppengeruch sowie Gennadis gähnender Assistent nicht zu dem patriotischen Anlaß passen.

Die Trommel verstummt, der Lagerleiter befiehlt: »Wegtreten!«, und die Kinderschar stiebt auseinander.

Eine halbe Stunde vor Mitternacht ist es noch immer ziemlich hell. Unsere neuen Bekannten aus Sokotsch schlagen ein Schlammbad vor. Wir schließen die Hunde auf Gennadis Geheiß in einen geräumigen Werkzeugschuppen und steigen ins Auto.

Es biegt nach Natschiki ein und hält an der Grube mit den Blubberblasen, unweit des Sanatoriums, in dem Aleksanders Mutter den Männern die Köpfe verdreht hat. Viktor öffnet den Kofferraum und holt eine große Bierflasche heraus. Dann verteilt er Pappbecher und gießt sie voll. Wir stoßen an. Ich frage unsere Gastgeber, ob sie sich auf Kamtschatka wohlfühlen. Sergej grinst aus irgendeinem Grund, Viktor antwortet: »Da, wo ich hinscheiße, ist meine Heimat.« Er brauche zwei Weiber und was zum Saufen. Alles andere ergäbe sich. Er entkleidet sich und sprintet in das dunkle, schlammige Wasser, von dem sich sein dicker, weißer Körper abzeichnet.

Während der Chauffeur beim Auto bleibt, ziehen auch wir uns aus und staksen zum Bürgermeister in die Grube. Er sitzt zufrieden da, das Wasser bis zum Kinn, und fängt an, von grünen Flußhängen zu erzählen, von einem kleinen, ukrainischen Dorf, in dem er aufgewachsen sei und das am Dnjepr liege. Damals habe er gedacht, dieser Fluß würde die Welt umspannen ... Viktors Ausflug in die Kindheit endet so abrupt, wie er begann. Er steht auf, sagt, er habe eine trockene Kehle bekommen und verläßt das Schlammbad. Als auch wir uns erheben, scheint jeglicher Schmerz aus unseren Gliedern gewichen zu sein.

Gegen ein Uhr nachts setzen uns die Männer im Ferienlager ab. Als sie weg sind, lausche ich für einen Augenblick der Natur. Durch die Baumwipfel zieht ein kühler Wind. Ihr sanftes Rauschen scheint mir vertraut: Ich bin wieder Kind, bin wieder im Goldberger Wald, habe Maronen im Korb. Vor mir Vater und Großmutter. Schritte durchs Laub, ein schlesisches Volkslied. Der letzte Tag der Herbstferien ... Die Gedanken verfliegen, als mich Ronald nach der Latrine fragt. Mir bleibt ein bitteres Gefühl von Vergänglichkeit.

Leise, um die Kinder nicht zu wecken, legen wir uns auf zwei leere Pritschen. Heute müssen wir keine Bären fürchten. Dessen gewiß, kuschle ich mich zufrieden in den Schlafsack.

Zwei Kinder beginnen zu flüstern, werden lauter, kichern. Die Tür zum Nebenraum öffnet sich. Gennadi eilt zu den Unruhestiftern, reißt ihre Bettdecken weg, befiehlt aufzustehen. Die Kleinen springen von den Liegen, folgen dem Lehrer nach draußen. Ich höre leises Keuchen und die helle Stimme des Ataman:»Eins, zwei, drei ...«Ich schleiche zum Fenster und sehe die Knirpse Liegestütze machen.

DER BASAR

Wir treten in einen frischen, sonnigen Morgen. Die Kinder sind schon wach, malen mit Stöcken auf einer Sandfläche oder üben Handstand. Markus setzt sich auf die Holzbank vor dem Häuschen und raucht eine Zigarette. Ich gehe zum Schuppen, löse das Vorhängeschloß, für das nur Gennadi und ich einen Schlüssel besitzen, lasse die Hunde heraus und schlendere mit ihnen zum nahen Fluß, auf dem, wie Viktor mir sagte, einst Kosakenführer Atlasow sein Floß gesteuert haben soll.

Heute sind wir mit dem Bürgermeister verabredet, um nach Jelisowo zu fahren. Dort könnte es Schubkarren, zumindest Material zur Herstellung geben. Wir sitzen auf den Pritschen und warten auf ihn. Die Kinder bringen einen Kassettenrekorder zum Laufen und drehen den Lautstärkeregler bis zum Anschlag. Die Schar fegt durch den Raum, hopst auf die Liegen, kullert über den Boden. Von den Erziehern weit und breit keine Spur. Dafür tritt Viktor in den Lärm und hält sich amüsiert die Ohren zu.

Wir steigen in einen Toyota Carina. Chauffeur Sergej hat heute frei. Dafür ist sein gleichnamiger Kollege gekommen, der ebenfalls ein Ringer sein könnte.

»Fährst du nie selbst?« fragt Markus den Bürgermeister.

»Das überlasse ich Profis«, antwortet der. »Ich habe keinen Führerschein.«

Die über neunzig Kilometer, für die wir zu Fuß dreieinhalb Tage brauchten, schrumpfen innerhalb einer Stunde zusammen. Immer größer und schöner wird der Awatschinsky-Vulkan, der dem Geheimdienstler Bascha das Heimweh nahm.

Kurz hinter dem Stadteingang halten wir an einem Baumarkt.

»Schubkarren führen wir nicht«, erwidert der schnurrbärtige Verkäufer, und ihm fällt auf, daß außer uns noch niemand danach gefragt hat. In Jelisowo gibt es noch zwei weitere Baumärkte. Doch die Antworten der Mitarbeiter gleichen sich. Auch sie führen keine solche Karren.

»Laßt uns zum Basar fahren«, schlägt Viktor vor.

Über den Zeltdächern der Stände lastet die Mittagshitze, und es verwundert, daß ein Händler Schapkas und Wintermäntel anbietet.

Hier könnten wir so gut wie alles kaufen: CDs deutscher Interpreten und amerikanische Videofilme, Waffenimitate und Rosen, Karikaturen von Putin und Lenin, Kwas und Coca-Cola. Ein bunter Markt der Gegensätze. Er beginnt uns zu gefallen. Nur die entscheidende Ware fehlt.

Einen Teil davon entdecken wir bei einem Schrauben- und Nägelhändler. Auf seinem Tisch liegen zwei Flugzeugreifen. Markus und ich sehen uns an: Die sollen es sein. Für 5000 Rubel – umgerechnet gut 150 Euro – wechseln sie in unseren Besitz.

»Die nehme ich später mit zum Schlosser«, sagt der Bürgermeister abwesend und schaut einer strammen Frau nach, die er Sekunden zuvor bezirzte. Während wir zum Auto gehen, redet er von einer Kommandantur, die er aufsuchen muß.

Sergej lenkt den Wagen durch breite Straßen und stellt eigene Verkehrsregeln auf, nimmt sich die Vorfahrt, wo sie ihm nicht zusteht, hält nur an roten Ampeln, die stark pulsierende Kreuzungen schützen. Das Fahrzeug stoppen zu müssen ist ihm offenbar ein Greuel.

Wir parken neben einer Bankfiliale, die ihren Sitz in einem Wohnhaus mit hohen Antennen hat. Anscheinend befindet sich hier auch die Kommandantur, denn Viktor steigt aus und sagt: »Es dauert nicht lange.« Er eilt über die Straße auf eine Haustür zu und verschwindet.

Wir wollen in der Bank unseren Rubelvorrat aufbessern. Nach dem Reifenkauf ist er verdächtig geschrumpft. Die Euro aber stoßen – im Gegensatz zur Filiale in Petropawlowsk – auf wenig Vertrauen. Zwar hängen hinter den Mitarbeiterinnen entsprechende Plakate mit den Erkennungsmerkmalen unserer Scheine, doch wollen die Damen kein Risiko eingehen. Wir verlassen das Gebäude mit ungutem Gefühl. Wer wird unsere Währung in den nördlichen, viel kleineren Orten haben wollen?

Wir warten auf Viktor. Ronald lehnt fingerschnipsend neben dem Chauffeur am Wagen, ich sitze auf einem Bordstein. Die Strahlen der Nachmittagssonne kitzeln mein Gesicht. Der Verkehr summt monoton aus allen Himmelsrichtungen. Manchmal fährt ein Auto – stark beschleunigend – durch unsere Straße, und der Widerhall des Motorlärms kommt von den Gebäuden zurück. Ich schaue zum wolkenlosen Himmel. Ein Flugzeug zieht seine Bahn, schneidet einen Kerosinstreifen ins Blau. Die Heimat scheint auf einmal nicht mehr so weit.

Auch am Nachbarauto lehnen Männer. Sie zählen Geldscheine: Dollar und Rubel. Ronald fragt, ob sie unsere Währung kennen, sie bejahen, und wir tauschen für einen ansprechenden Kurs.

Statt meiner guckt der gebräunte Sergej zum Himmel und pfeift ein Liedchen.

»Heimweh, was?« Er sieht wohl aus den Augenwinkeln, wie ich das

Bild meines Medaillons betrachte: Katrin und ich in der Herbstsonne am Rhein.

»Kann man nichts machen«, erwidere ich.

»Ich sehe meine Frau nur zwei Monate im Jahr.« »Er zündet sich eine Zigarette an.»Wir wohnen in Nowosibirsk. Die übrige Zeit bin ich hier Fahrer.«

»Nur für Viktor?«

»Nein, auch für Leute von der Armee. Besonders nachts.« Er schnipst den Zeigefinger an seine Halsschlagader: das russische Zeichen für ›Schnaps trinken‹. »Nur als Fahrer, das reicht nicht.« Er verfällt einem geheimnisvollen Flüsterton, der mich vom Bordstein aufstehen und zu ihm gehen läßt. »Euch Ausländern kann ich's erzählen. Ich fische. Hier gibt es riesige Lachse.« Der Mann dreht sich zu seinem Auto und scheint das Dach umarmen zu wollen. »Ich handle damit. Eigentlich ist es nicht erlaubt. Ich muß vorsichtig sein. Das haben wir ja alle gelernt.«

DAS GESCHENK

Viktor kommt, steigt mit uns in das Auto und verströmt den blumigen Duft eines Damenparfums.

»Wie war es bei der Kommandantur?« frage ich. Der Bürgermeister dreht sich zu uns, zwinkert schelmisch und hält den Daumen hoch. Ronald und ich grinsen zurück.

Der Chauffeur steuert den Wagen neben ein paar Verkaufsbuden aus Wellblech. Viktor bittet uns auszusteigen, steuert ein Bedienfenster an und bestellt ohne uns zu fragen: »Drei Bier, bitte!« Zwei reicht er uns, mit dem anderen prostet er uns zu. Dann leert er den Becher und wischt sich den Mund mit dem Handrücken ab.

Auf dem Weg zum Fahrzeug überreicht er uns eine Tüte. »Ein Geschenk. Nehmt es und seid vorsichtig.« Durch die Beutelöffnung erkenne ich eine Gaspistole. »Ich fühle mich für euch verantwortlich.« Er erzählt von Bären, die dieses Jahr zwei Japaner und einen Russen getötet hätten. »Der wollte nur einen Reifen wechseln.«

Ronald sagt Viktor, daß wir uns mit der Waffe viel sicherer fühlen werden und legt dankbar die Hand auf seine Schulter.

EIN ABEND IN SOKOTSCH

Der Lagerleiter hockt neben seinem japanischen Kleintransporter und zieht die Radmuttern fest. Dann steigt er ins Auto. Ronald fragt ihn, wohin er fährt. Als er »Sokotsch« sagt, sind auch wir und die Hunde mit von der Partie. Er läßt uns vor dem Kosakenmuseum aussteigen und fährt weiter. Wir setzen uns auf die Treppe und beschließen, uns später nach einer Bar umzuschauen.

Beruhigende Stille legt sich über die Dächer, denn der Mischlingshund vom nahen Gehöft schlägt nicht mehr an, springt nicht mehr auf das alte Moskwitschwrack und zerrt nicht mehr an seiner rostigen Kette; er liegt einfach nur da, ist offenbar völlig erschöpft. In die Ruhe braust ein weißer Mazda und hält vor uns wie gestern der Lada. Der Wagen spuckt zwei junge Männer aus. Sie zünden sich Zigaretten an, beäugen uns und fragen nach dem Woher und Wohin. Der Wortführer trägt ein geripptes Unterhemd und Sandalen. Er erzählt von seinem Vater, der einen hohen Militärposten bekleide und zu Geburtstagen Munition verschenke. Der zappelige Typ wiederholt nach jedem Satz echogleich das letzte Wort und gibt sich als Sammler von Patronen aus. Sogar eine richtige Bombe besitze er. Der Begleiter, der bisher meist schwieg, stößt seinen Kumpan an und tippt auf die Uhr. Daraufhin verschwinden sie.

Nach einer halben Stunde nahen sechs Halbwüchsige auf Fahrrädern. Die Jungs bremsen und wirbeln Staub auf. Sie stützen sich auf die Lenker und starren zu den Hunden, denen Ronald befiehlt, »lieb« zu sein. Die Jugendlichen steigen von den Drahteseln, setzen sich zu uns und lassen, als wäre es in ihrem Alter das Normalste der Welt, eine Wodkaflasche reihum gehen. Sie fragen uns, ob »Abenteurer« ein Beruf sei. Dann verraten sie, was sie später machen wollen.

»Ich will Busfahrer werden«, sagt ein Bursche mit kurzem, pechschwarzem Haar.

»Ich auch«, mischt sich ein anderer ein.

»Und ich sowieso«, ein weiterer.

»Warum wollt ihr alle Busfahrer werden?«

»Das ist cool.« Sie erzählen, daß sie sich oft auf der Straße treffen und »Bus« spielen. Dann radeln sie die Hauseingänge ab und stellen sich vor, es seien Haltestellen in Petropawlowsk. Das gehe so manchmal bis spät in die Nacht. Den Eltern sei egal, wann die Kinder nach Hause kommen. Der Schwarzhaarige sagt, er müsse heute bei einem Freund übernachten, weil ihn sein Vater verdroschen und aus der Wohnung geschmissen habe. Er lacht auf, umarmt den neben ihm Sitzenden und knufft ihn in die Seite.

»Solange wir zusammenhalten …«, resümiert er und beendet den Satz nicht, weil sein Nachbar ihn in den Schwitzkasten nimmt. Der Gefangene spielt mit ausgestreckter Zunge und rollenden Augen den Erstickenden.

Kurz vor Mitternacht entfernen sich die Jungs mit schellenden Fahrradklingeln. Auch wir verlassen die Treppe, gehen über einen Hinterhof. Dort sitzen zwei Männer auf einer Holzbank und beobachten uns. Wegen ihrer zerfurchten Gesichter schätze ich ihr Alter auf weit über sechzig. Sie tragen Lederjacken und Jeans, könnten also durchaus jünger sein. In diesem Land begegneten wir oft Männern, deren letzter Hauch Jugend hinter tiefen Faltengräben und geplatzten Blutäderchen verschwunden war, und die längst nicht so alt waren wie es schien.

An der Hauptstraße, haben die Fahrradjungs gesagt, soll es eine Diskothek geben. Sie heißt »Mirage« und ist noch eine Baustelle. Daneben befindet sich eine Bar. Sie hat geöffnet. Wir leinen die Hunde an einen Baum, treten ein und sehen uns in verspiegelten Wänden. Da stehen sie in der Tür, die Abenteurer mit dem Hang zur Geselligkeit. Der flotte Russenpop aus den Lautsprechern, die Gesprächswolke vom Tisch nebenan, der Duft gegrillten Fleisches … eine Tankstelle für unsere Seelen.

Als die Kellnerin nach zwei Stunden auf die Wanduhr zeigt, verlassen wir zu sechst die Bar. Draußen verabschieden wir uns von der blonden Mascha, die gern mit den Fingern im glatten, langen Haar spielt, vom schlaksigen Jegor, der seine Wangen aufbläst und mit lautem Geräusch erschlaffen läßt, und von der dunklen Maria, die ihre Sätze laut begann und leise beendete, als würde das Gesagte nach und nach an Wichtigkeit verlieren. Die drei verschwimmen in der Dunkelheit. Zurück bleibt der dürre, wortkarge Sanitäter Serjosha. Er streicht sich durch die Lokken und bietet uns einen Schlafplatz. Wir nehmen an und holen die Hunde. Im Hausflur brennt kein Licht, wir ertasten den Weg. Der Arzthelfer schließt eine Wohnungstür auf, führt uns hinein und schaltet drinnen eine Deckenlampe ein, die uns zunächst arg blendet. Das läßt nach, und wir erkennen an den Wänden eine präparierte Schmetterlingssammlung, zwei gekreuzte Degen und kleine Landschaftsgemälde. Serjosha geht mit uns ins Wohnzimmer. Er breitet auf dem Teppich ein schneeweißes, nach Bleiche riechendes Laken aus, legt zwei Kissen und Decken darauf und überläßt mir eine Lagerhälfte. Dann weist er Ronald eine Liege an der Wand zu und bittet ihn, die Hunde im Korridor zu lassen.

In der Nacht erwache ich. Eine fremde Hand liegt auf meinem Unterleib. Erschreckt werfe ich sie ab, robbe mit Decke und Kissen gut zwei Meter von Serjosha weg, der sich im Mondlicht schlafend stellt.

Als wir morgens aufstehen, ist er fort. Am Flurspiegel klebt ein Zettel: »Entschuldige, Markus!« Ronald sieht mich fragend an, ich zucke die Schultern, dann verlassen wir die Wohnung.

ESSEN

Es ist Mittag. Ich sitze auf der Bank vor dem Haus. Vor einer halben Stunde parkte ein Auto mit zwei Frauen vor dem Ferienlager. Sie trugen vier Essenskübel ins Quartier. Ich wollte ihnen helfen, doch sie verscheuchten mich mürrisch, als wäre es ein Privileg, die Aufgabe ohne Unterstützung zu meistern.

Die Kinder kehren von einem Ausflug zurück. Gennadi und sein Assistent folgen miteinander diskutierend. Der Ataman klopft mir auf die Schulter. »Komm, Junge. Essen.« Ich nicke und erhebe mich.

Sein Stellvertreter heißt Juri und ist in meinem Alter. Auf seinem Kopf zeichnen sich Ansätze einer Halbglatze ab. Juri fragt mich nach Ronald. Ich sage, er sei mit den Hunden am Fluß.

Gina und Condor toben in den rauschenden Fluten. Da höre ich von fern meinen Namen. Ich gebe den Hunden einen Wink und gehe mit ihnen zum Lager. Ich leine sie am Torpfosten an und marschiere eilig in den Speiseraum. Es duftet nach gebratenem Fisch. Die Anwesenden lassen es sich schweigend an vier langen Tischen schmecken. Ich zwänge mich durch zwei Stuhlreihen zu Markus, neben dem ein Platz frei ist, und setze mich. Vor mir dampft eine Schale mit Nudelsuppe. Es ist stickig und warm. Unzählige Fliegen ziehen ihre Bahnen vom alten Herd, am Geschirrschrank vorbei zu uns und wieder zurück.

Der Suppe folgt panierter Fisch mit Kartoffelbrei. Das Menü rundet Birnenkompott ab. Der Lagerleiter füllt wortlos die Schalen. Nur das Lächeln, das seine hellen Augen umspielt, verrät mir, wie gern er für die Kinder sorgt.

Obwohl wir erst zwei Tage hier sind, fühlen wir uns mit den jungen Leuten vertraut. Uns gegenüber sitzt Pjotr, ein blonder Bursche mit nach vorn gekämmtem Haar und stechend blauen Augen, die trotz seiner zurückhaltenden Art Kraft ausdrücken. Neben ihm löffelt Michail, der uns mit Krümeln beschießt und sich dafür einen Tadel von Gennadi einhandelt. Auch Boris – Igelhaarschnitt und große Zahnlücke – sowie Wlad mit den Segelohren haben wir ins Herz geschlossen. Die meiste Sympathie genießt das fünfjährige Nesthäkchen Kolja – ein süßer Fratz mit Stupsnase und Schorf auf der Stirn. Er ist der jüngste Sohn von Bürgermeister Viktor.

»Hat es euch geschmeckt?« tönt der Kleine und erntet leises Kichern.

Gennadi und seine Schüler brechen zum Pilzesammeln auf. Die Kinderstimmen werden leiser und verstummen. Ronald ist wieder mit den Hunden am Fluß. Juri und ich sitzen vor dem Haus, wir rauchen, schauen zu den bauschigen, nach Norden ziehenden Wolken und plaudern. Er erzählt von seinem Studium – Geschichte und Sport. Jetzt, da es vorbei sei, komme ihm der Job im Ferienlager gelegen. Hier könne er seine Gedanken ordnen und sich im Geiste von den Bekannten aus der Universität verabschieden. Viele ziehe es gen Westen – nach Nowosibirsk oder Moskau. So wie er seine Freunde nach der Schulzeit aus den Augen verlor, werde es auch diesmal sein. Juri spricht ruhig, seine Stimme gleicht dem Windspiel in den Blättern über uns. Manchmal schiebt er seine eckige, getönte Brille die gebogene Nase hinauf. Dann sieht es so aus, als wische er eine Träne fort. Als sich eine mächtige Wolke vor die Sonne schiebt, entfärben sich die Gläser und lustige, graue Augen gucken mich an.

»Ruf deinen Freund, ich heize die Banja ein.« Wieder eilt Ronalds Name über die Wiesen, wieder taucht seine Gestalt auf, umtänzelt von den Hunden.

DIE SAUNA

Ich habe Saunapremiere, kauere mit Markus auf einer Holzbank im schmalen, dunklen Raum neben der Schlafstätte. Zwei flackernde Kerzen spenden etwas Licht. In der Ecke steht ein kleiner Steinofen, von dem uns glühende Kohlestücke wie Teufelsaugen anfunkeln. Juri tritt ein, schließt die Tür und übergießt die Glut mit einer Kelle Wasser. Dampfwolken stieben auf, verbreiten neue, kraftvolle Hitze. Sie raubt mir den Atem.

»Zu heiß?« wiederholt Juri meine Worte. »Sind doch erst neunzig Grad. Das ist noch kalt.« Er kippt eine weitere Kelle auf die flackernde Kohle, daß es nur so zischt. Danach geht er hinaus, die knarrende Holztür fest in den Rahmen ziehend. Schweigend sitzen wir nebeneinander, zum Reden fehlt die Kraft.

Nach zähen Minuten ruft Juri Markus nach draußen. Der wankt zum Ausgang. Ich höre Wasser aufklatschen und befreiendes Stöhnen. Während mein Freund zurück in die Höllenkammer wechselt, verlasse ich sie und werde vor dem Hauseingang eiskalt von Juris schwungvoller Eimerentleerung überrascht. Den zweiten Behälter gießt er mir über den Kopf. Ich lache übermütig und denke: ›Was? Schon fertig?‹ Denn ich muß wieder hinein in die Bruthitze, begleitet von unserem Saunaprofi. Er weist Markus an, sich bäuchlings auf die obere Bank zu legen. Dann nimmt er gebundene Birkenzweige und klopft ihm den Rücken ab. Das soll, wenn ich Juri richtig verstanden habe, die Durchblutung anregen. Während Schatten über die nassen Leiber huschen, erklärt der ehemalige Student seine Vorliebe für die alten russischen Mittel.

Als Kind habe ihn sein Vater ebenso in der Banja bearbeitet. Sein Vater lernte es von dessen Vater. Und der von seinem Vater. Im Saft der Pflanzen sollen magische Kräfte stecken, welche sich bei hohen Temperaturen entfalten. Um den Wirkungsgrad weiter zu steigern, gießt Juri noch zwei Kellen Wasser auf den Ofen.

»Das muß erst noch richtig heiß werden«, kommentiert er beiläufig, während ich mit Markus die Plätze tausche.

Wie lange schmoren wir schon hier drin? Es ist der vierte Durchgang. Wir sitzen versunken auf der klitschigen Bank und sehnen uns nach eisgekühlter Limonade. Jeder Atemzug fällt schwer. Da ruckt es an der Tür. Juri steht im Rahmen und macht eine gebieterische Handbewegung Richtung Frischluft.

»Nichts wie raus!« raunt Markus und hechelt dem Ausgang entgegen.

Als uns Wasser von den Köpfen tropft, zeigt uns der Einheizer das Saunathermometer: Das Quecksilber ist an seinen Grenzpunkt von 120°C gestoßen.

NACHTS IM WALD

Am Abend geraten wir wieder in das Gravitationsfeld der Bar. Heute sind wir die einzigen Gäste. Die Kellnerin meint, die Leute ruhen sich für den morgigen Feiertag – den »Tag des Fisches« aus. Ronald hat noch Lust, den Diskoklängen zu lauschen, ich werde müde, gehe.

Allein an der halbdunklen Straße will es mir nicht gefallen, daß wir Gina und Condor im Lager ließen. Ein Wolga naht, ich hebe den Daumen. Der Wagen hält, ich setze mich hinter zwei Männer, die die Fahrt über schweigen.

Nach einigen Kilometern setzen sie mich wie gewünscht am Straßenrand ab. Das Auto entfernt sich, Dunkelheit und Stille umgibt mich. Es schaudert mich, in der Wildnis zu sein, ohne Hunde, ohne Waffe, ohne Feuer. Ich denke an den Russen und die zwei Japaner, von denen Viktor erzählte. Auf zum Lager!

Hier irgendwo muß der Weg in den Wald führen. Ich hole die Taschenlampe aus der Jacke, schalte sie ein. Das Licht streift Büsche, Geäst, Bäume, verwandelt sie in Bärengestalten. Vom Pfad keine Spur. Ich beginne zu laufen, höre meine Schritte, meinen gehetzten Atmen. Wo bin ich nur? Ich sehe ein Rentier samt winkendem Hirten: Der Wegweiser nach Natschiki. Das bedeutet, ich bin einen Kilometer zu weit! Panik ergreift mich. Ich renne zurück, wühle in den Taschen, suche das Pfefferspray. Da, ich hab's! Ich werde schneller, immer schneller – und ahne: ich bin schon wieder zu weit. Ich kehre um, laufe, stolpere fast, laufe, getrieben von blanker Furcht – bis mir erneut dieser verfluchte Hirte winkt. Ich lache wie irre, könnte heulen. Zurück! Lichtfetzen huschen neben mir her.

Da, da ist ein Pfad! Ich folge ihm rasch. Ob's der richtige ist? Reifenspuren, Bäume, die zusammenrücken, Äste, die nach mir greifen. Ankommen – welch berauschender Gedanke. Ein langer Stab bohrt sich in den Himmel. Eine Antenne. Das vertraute Häuschen.

Die Bank, wie weich ihr Holz ist. Eine Last fällt von mir. Ich schaue auf die Uhr: Vor einer Stunde entstieg ich dem Wolga. Meine Fersen bluten, ich trage keine Strümpfe. Trotzdem, ich lächle, rauche zitternd eine Zigarette und begreife, daß auch das Häuschen, selbst die schiefe Bank, ein Stück Heimat sein können.

DIE SCHUBKARREN

Nachmittags ertönt vor dem Haus eine Hupe. Ich trete zu Markus ans Fenster und sehe den gelben Lada von Chauffeur Sergej. Ob er die Schubkarren bringt? Gestern erzählte uns der Bürgermeister, der Schlosser sei zu betrunken, um zu arbeiten. Sergej öffnet den Kofferraum und zaubert tatsächlich zwei Metallgestelle hervor. Wir laufen hin und bestaunen sie. Fingerdicke Eisenrohre wurden zu je einem Viereck mit einer sich nach unten verjüngenden Trichterform verschweißt, aus der zwei Stangen zum Führen ragen. Wir stülpen die Karren um und drehen fröhlich an den mittig plazierten Flugzeugrädern.

Dankbar schütteln wir die kräftige Hand des ehemaligen Ringers. Als wir bezahlen wollen, winkt er ab. Der Bürgermeister wolle die Karren als Geschenk verstanden wissen.

DIE WUNDE

Unsere Freude währt nicht lange, denn Gina humpelt. Ich prüfe ihre linke Vorderpfote und erschrecke: Im Ballen klafft ein Riß, der anscheinend genäht werden muß. Besorgt hole ich eine Jodtinktur aus dem Rucksack und desinfiziere die Wunde. Das Tier zieht die Pfote zurück und jault. Ich beruhige und lobe die Hündin. Sie klopft mit dem Schwanz auf das Gras und schaut mich vertrauensvoll an. Seit sechseinhalb Jahren bin ich ihr Herrchen. Ich erinnere mich, wie sie mich auf Sri Lanka vor Ratten, einer wilden Hundemeute und zudringlichen Kerlen beschützte, und wie sie stets die Ohren spitzt, wenn jemand an meiner Wohnungstür vorbeigeht. Mit Gina vereinen mich unzählige Erlebnisse, Wagnisse, Abenteuer, und die Tatsache, daß ich mich stets auf sie verlassen konnte, sie meine Gefährtin, Beschützerin, ja, meine Lebensretterin ist, macht ihr Leid auch zu meinem Leid.

Ich halte Ginas Bein hoch, damit die Wunde nicht versandet. Markus reicht mir ein Mulltuch. Ich fixiere es auf der Verletzung, verbinde sie und frage Gennadi nach einem Tierarzt. Er sagt, heute, am Feiertag, würden nur die Gastronomen arbeiten. Wir sollen uns bis morgen gedulden.

DER TAG DES FISCHES

Von der Bank aus sehe ich den Kindern zu, wie sie übermütig mit den Karren über den Rasen rennen. Das Warten verbittert mich. Ronald sitzt neben den Hunden im Gras und schreibt Tagebuch. Vielleicht notiert er auch meinen grimmigen Gesichtsausdruck, meine Unrast, wie meine Finger auf das Holz klopfen, als könnten sie die Sekunden beschleunigen. Mein Abenteuerdrang ist nur noch eine Farce. Ich vergaß aufzuhören, wenn es am schönsten ist.

Chauffeur Sergej rät uns, den »Tag des Fisches« in Sokotsch zu feiern und nimmt uns abends dorthin mit.

Scheinbar ist der ganze Ort auf den Beinen. Gegenüber der Bar und dem neu eröffneten »Mirage« herrscht reges Treiben. Vor den Verkaufcontainern bilden sich lange Schlangen. Die Leute schwatzen miteinander. Aus Lautsprechern dröhnt Popmusik. In der Luft schwebt Qualm und Plinsenduft. Kinder stapfen mit Gummistiefeln durch die Pfützen, vorhin regnete es. In der Diskothek riecht es nach dem Harz des frischen, hellen Holzinterieurs. Treppen mit verzierten Geländern führen in die obere Etage. Es fehlen Dirnen in wallenden, tiefdekolletierten Kleidern, um das Bild eines Westernsaloons zu vervollständigen. Um die Tanzfläche stehen lange Tafeln, die eines Feiertages würdig gedeckt sind: mit Lachs und rotem Kaviar, Schweinemedaillons und zu Pyramiden aufgeschichteten Fleischklopsen, Hähnchenflügeln und Bergen von Weißbrot, breiten Wasser- und schmaleren Wodkakaraffen. Menschenströme fließen zu den Tischen. Wir werden an den Schultern gepackt und auf zwei Stühle gedrückt.

»Ausländer, was?« attestiert ein lauter, muskulöser Mann mit milden Gesichtszügen. Er ist nur wenig älter als wir, doch sein Haar ist schon ergraut.

»Aus Deutschland, aha.« Er besänftigt seine Stimmgewalt und streicht sich über den Kopf. »Da ist mein Großvater gefallen. Was soll's. Seid meine Gäste.« Seine großen Hände wandern zu einer Wodkakaraffe und füllen Gläser. Dann stoßen wir an.

»Auf den Fisch!« gibt er aus. »Er bedeutet Leben.«

Der Kaviar wird in Suppenschüsseln serviert. Wir streichen ihn mit großen Löffeln auf Weizenbrotscheiben und schieben sie unter den Blicken der Umsitzenden in unsere Münder. Je mehr wir essen, desto zufriedener schauen uns die Leute an. Irgendwann bin ich so satt, daß ein weiteres Lachsei mich platzen ließe.

Ronald geht tanzen, ich bleibe sitzen, träge wie ein Sack Zucker. Wanja, so heißt der Grauhaarige, will wissen, ob wir unterwegs fischen. Ich beichte, noch nie geangelt zu haben. Lautes Gelächter, ein Goldzahn blitzt auf.

»Ich bin Fischkapitalist«, sagt er. »Für mich arbeiten zwanzig Leute.« Er erklärt mir, daß sich der Lebenszyklus auf Kamtschatka nach der Fangmenge richte.

»Sie beeinflußt auch die Geburten.« Im letzten Jahr sei der Ertrag nur mäßig ausgefallen, und prompt seien zu wenig Kinder zur Welt gekom-

44

men. Der Mann prognostiziert Ähnliches für das folgende Jahr. Wir gehen vor die Tür, um zu rauchen. Über uns ziehen dicke Wolken, bald wird es wieder regnen. Der Kapitalist schlägt mit der flachen Hand gegen den Kotflügel eines großen Toyota-Jeeps. »Den hab ich mir in Japan gekauft.« Drei Männer in Anzügen nahen, klopfen dem Fischer auf den Rücken und setzen ein Sonntagslächeln auf. »Muß los.« Er boxt mir gegen den Arm, steigt mit den Typen in den Jeep und fährt mit ihnen fort.

Ich bin nicht lange allein, denn neben mich tritt ein junger Mann. Er heißt Alik, ähnelt Klaus Kinski und ist heute der Diskjockey. Er spricht gutes Englisch und lädt mich zu einem Kaffee ein.

Wir setzen uns an einen Tisch in der oberen Etage und plaudern über russische und deutsche Interpreten. Drei kichernde Mädchen unterbrechen uns und lassen sich von Alik Autogramme geben. Danach entfernen sie sich tuschelnd.

»Sie scheinen mich von ›Radio drei‹ zu kennen, der größten Station in Petropawlowsk«, kokettiert er. »Ich arbeite da als Moderator, mache Interviews mit den Stars und solche Sachen.«

»Wow, dann kennst du ja viele Sänger persönlich.«

»Die russischen fast alle. Toll ist das nicht. Manche kommen betrunken ins Studio oder haben Drogen genommen.« Alik staunt über unsere Reise und will über sie berichten, wenn er wieder »on air« ist.

Er geht ins Erdgeschoß, tritt auf die Bühne, dreht die Musik leiser, greift zum Mikrophon und bittet eine junge Frau im bunten Kleid zu sich. Als sie neben ihm steht, schießt ihr Röte ins Gesicht.

»Ich suche einen Mann«, ruft sie mit wackelnder Stimme und lacht schrill auf. Alik legt eine neue CD ein und eröffnet das Werben um die Frau.

»Das ist Tradition«, sagt er mir, als er zurückkehrt.

Er ist erst seit kurzem beim Radio, diente vor einem Jahr noch beim FSB in Petropawlowsk. Er stammt aus der Ukraine und würde gern zu den Eltern in die Heimat reisen. Das Gesetz aber schreibt vor, daß die Sache mit dem Geheimdienst wenigstens vier Jahre zurückliegen muß.

Wir reden über Heimweh, jeder, wie er es empfindet. Das tut gut.

»Eine schlimme Krankheit.« Alik klopft mir kameradschaftlich auf den Rücken. Dann steht er auf, nimmt abermals die Treppen, wechselt auf der Bühne den Tonträger und kommt mit einer Flasche Rotwein wieder.

Die Autogrammjägerinnen setzen sich zu uns. Alik schenkt ihnen Wein ein. Sie zeigen auf das filigrane Amulett an Aliks Hals. Er nimmt es zwischen die Finger und redet von einer Sängerin aus Moskau, die es ihm geschenkt habe.

Nach zwei Flaschen Sauvignon ist es bereits sieben Uhr morgens. Tageslicht fällt durch die Fenster. Die Mädchen sind längst fort. Die freiende Frau lehnt an der Schulter eines Uniformierten und schlummert.

»Wir kommen bald nach Hause«, sagt Alik, während wir uns zum Abschied umarmen. »Nur Geduld.«

Im Erdgeschoß finde ich Ronald. Er steht auf der Tanzfläche und scheint allmählich zu begreifen, daß die letzten Rhythmen verklungen sind. Wir gehen auf die Straße und stoppen einen Mazda, der uns zum Ferienlager bringt.

Während die Kinder zum Morgenappell antreten, liegen wir auf den Pritschen – sozusagen als abschreckendes Beispiel.

GENNADIS ABENTEUER

Am Montagnachmittag fahren wir mit Gennadi zum Tierarzt nach Sokotsch. Ronald sitzt mit Gina auf der Ladefläche des Kleintransporters, ich neben dem Lagerleiter in der Kabine.

Er ist heute gesprächiger als an den anderen Tagen und erzählt von einem Abenteuer, das ihn allein unter Segeln von Kamtschatka nach Alaska geführt hat. Als Kind sei er in seinen Träumen mit Mark Twain gereist. Gennadi schürzt die Lippen, und es scheint, er schmecke noch das Meersalz auf ihnen. Die See war stürmisch, er wünschte sich einen Kameraden dazu. Dann, als er an der Küste von Alaska geankert und das Gebirgsmassiv der Kilbuck-Mountains erblickt hat, wußte er: Das war es wert. Er hat sich einen Stein vom Ufer mitgebracht – und die

Gewißheit, daß es sich lohne, an seine Kindheitsträume zu glauben. »So wie ihr«, schließt er lächelnd, während wir in Sokotsch einfahren.

Gennadi klingelt an einer Haustür. Minuten später erscheint eine große Frau im weißen Kittel. »Wie kann ich helfen?« Ich zeige Ginas Wunde, Markus erklärt unser Vorhaben. Die Ärztin setzt eine Hornbrille auf, streichelt der Hündin über das Fell und sagt, daß der Riß nicht genäht werden muß. Sie holt ein Desinfektionsmittel und ein Fläschchen Jod, behandelt die Verletzung und legt einen neuen Verband an.

»Setzt erst morgen euren Weg fort«, rät die Veterinärin, gibt uns die Medizin und berechnet samt Honorar zwanzig Rubel – etwas weniger als einen Euro.

VIKTOR IN STRASBOURG

Abends treffen wir in der Bar den Bürgermeister. Er sitzt vor einem großen Bierglas und unterhält sich mit einer drallen Dame im roten Kostüm. Er sieht uns und hebt die Arme zum Gruß. Wir freuen uns, ihn noch einmal vor unserer Abreise zu sehen und bedanken uns für die Schubkarren. Er fällt uns ins Wort, bestellt uns Bier und macht uns mit seiner Schwester Tamara bekannt. Sie ähnelt ihm, hat die gleichen wachen Augen – aber nicht sein Mundwerk. Während sie sich gewählter Vokabeln bedient, hat ihr Bruder einen Hinterhofjargon. Besonders oft sagt er »Scheiße«. Obwohl er sonst recht schnell spricht, dehnt er diesen Ausdruck in die Länge. Dem Rüffel seiner Schwester entgegnet er: »Ein Kosak muß so sein.«

Viktor erzählt uns von einem Kongreß im französischen Strasbourg. Vor elf Jahren sei er dort gewesen. Auf den Kongreß geht er nicht näher ein, dafür spricht er von Marta, der Pensionsbesitzerin, die er geschwängert habe.

»Mein Kind hab ich nie gesehen. Scheiße, man bräuchte mehrere Leben.«

Zum Abschied schenken wir Viktor eine silberne Medaille mit dem Wappen von Rostock. Er freut sich und ruft mir aus einem unerfindlichen Grund zu: »Du wirst Kanzler.« Dann zeigt er auf Markus. »Doch ohne ihn bist du nichts.« Die beiden lachen und wünschen uns eine gute Reise.

EIN WIEDERSEHEN

Dienstag, 16. Juli. Grauer Himmel, Nieselregen. Nach vier Ruhetagen starten wir wieder durch. Die Schubkarren sind vollgepackt, wir lenken sie souverän über die rissige Straße. Condor und Gina tippeln neben uns her. Er mit, sie ohne Futterrucksack. Ich will ihr den nicht zumuten. Sie setzt die lädierte Pfote noch etwas vorsichtig auf.

Auf dem Markt in Sokotsch kauft Markus Brot, Speck, Würstchen, Schokolade, einen Lippenpflegestift und ein Paar Kinderstrümpfe. Einen davon streife ich über Ginas Verband. So ist ihre Wunde noch besser geschützt. Zuletzt pumpen wir beim »Autodoktor« Luft in die Karrenreifen.

Wir verlassen Sokotsch. Drehe ich mich um, sehe ich noch den roten Giebel des »Mirage«, den kleinen Schornstein der Bar, den Parkplatz und die Verkaufsbuden. Das Fortgehen fällt mir nicht leicht, ich habe begonnen, Wurzeln zu schlagen. Ich nehme Erinnerungen mit: An die winkenden Kinder, an Gennadi, der zum Abschied den Daumen hob, ich sehe Viktor vor mir, mit Bierschaum am Bart, spüre den kräftigen Händedruck von Chauffeur Sergej, schmecke den Kaviar. In ein paar Tagen, sage ich mir, kommen neue Erlebnisse hinzu. Gespannt darauf folge ich dem Straßenverlauf. Es hat aufgehört zu regnen, die Luft ist angenehm warm.

Wir fühlen uns kräftig und munter und zwingen uns zu den stündlichen Pausen, denn wir müssen mit unserer Energie haushalten. Wir rasten in Dalny, einem winzigen Ort mit fünf, sechs Gehöften. Die Dorfhunde schlagen an, Wind lebt auf, rauscht in den Birken und läßt das Bellen weit weg erscheinen. Wir essen etwas Schokolade und gehen weiter.

Wiesen und niedrige Bäumen begrenzen die Landstraße. Sie mündet in eine Kurve. Aus ihr kommt uns ein Bus entgegen. Er hupt. Wir steuern zum Wegesrand. Das orangefarbene Vehikel bremst und hält neben uns. Drinnen johlen Kinder, schlagen mit Fäusten gegen die Scheiben. Das sind ja die Jungs aus dem Ferienlager! Haben sie einen Ausflug gemacht?

Die Hydraulik wirft die Bustür auf, die Burschen stürmen heraus, schnattern wie aufgebrachte Gänse. Mir gelingt es gerade noch, die Hunde auf Abstand zu bringen. Die Kinder umringen und drücken uns. Sogar der Busfahrer reißt uns in seine Arme. Nur mit Mühe kann sich Erzieher Juri zu uns durcharbeiten. Im Russisch-Englisch-Mix fragt er nach unserem Wohlergehen, als hätten wir uns Monate nicht gesehen. Der ruhige Pjotr klopft mir an die Brust und zieht schnell seine Hand zurück, als hätte er einen Fehler begangen, der kleine Kolja will auf meine Arme, und Sascha, der gern mit Krümeln schießt, umklammert uns nacheinander und fleht:»Bitte, kommt zu uns zurück.« Er preßt eine Wange an den Bauch von Markus. Verblüfft streicht er dem Jungen über den Schopf.

Wir sind auf die Sympathiebekundungen nicht vorbereitet, bekommen kaum ein Wort heraus. Als wir uns im Ferienlager verabschiedeten, sagten wir eher lässig»Lebt wohl«. Vielleicht glaubten die Buben nicht mehr an unseren Aufbruch, nachdem wir ihn Tag für Tag verschoben hatten.

»Schaut auf dem Rückweg vorbei«, ruft Juri aus dem geöffneten Fenster. Das Fahrzeug beschleunigt, an der Heckscheibe tauchen immer mehr Gesichter auf. Wir winken, bis der Bus nicht mehr zu sehen ist.

Sand und Steine lösen den Asphalt ab. Erst jetzt — nach einhundert Kilometern — scheint das richtige Abenteuer zu beginnen, als würde die Zivilisation enden, als lauere hinter jedem Baum ein hungriger Bär.

Westlich von uns breitet sich ein weites, grünes Tal aus. Ein geeigneter Platz, um Viktors Gaspistole zu testen. Ich richte sie auf die Schlucht und drücke ab. Die oberste Patrone springt unbenutzt aus der Halterung.

Fünf mißlungene Versuche später holt uns die trübe Aussicht auf ruhelose Nächte ein.

Wir schieben die Karren über festen, unebenen Boden, balancieren sie aus, damit sie nicht umkippen.

Es dunkelt. Allmählich verschwimmt die vor uns liegende Piste zu einem grauen Schleier. Wir wollen die Nacht im nächsten Dorf verbringen, uns sicher vor Bären wähnen. Das nächste Dorf heißt Malka. Es scheint unerreichbar.

Endlich flimmert in der Ferne ein schwaches Licht. Wir nähern uns einem Haus. Ein anderes sehen wir nicht.

Es ist ein Laden, der sogar noch geöffnet hat. Wir betreten einen Raum mit vier Tischen, mehreren Polsterstühlen und einem langen Tresen, hinter dem ein breites Regal mit Knabberzeug und Süßigkeiten, Cola und Bier, Nudelgerichten und Reistüten aufragt. In einer Ecke steht ein Fernseher. Eine Nackte läuft durch eine Duschgelwerbung. Wir rücken zwei Stühle zurecht und setzen uns plump, als hätte die Schwerkraft zugenommen. Die Köpfe sind heiß, die Leiber ausgelaugt. Wir binden die Schnürsenkel auf, die Füße atmen. Sie trugen uns heute 32 Kilometer weit.

Verkäuferinnen scheinen in Rußland bestimmte Kriterien erfüllen zu müssen: blond, auffallend geschminkt, resolut, mäßig freundlich. Die Frau hinter dem Tresen macht da keine Ausnahme. Doch als sie von unserer Reise erfährt, lächelt sie und gibt ihrer Stimme Wärme. Sie bringt dampfende Hühnersuppe, Koteletts und Mineralwasser, das aus den hiesigen Quellen stammt. Es schmecke zwar nicht, erklärt die Frau, sei aber sehr gesund. Offenbar sind den Einheimischen Heilkräfte wichtig: das Wasser, die heißen Schlammbäder, Banjabesuche. Dennoch ist die Lebenserwartung auf Kamtschatka eine der geringsten in Rußland.

Die Nachrichten von »RTR« berichten über ein Flugzeugunglück nahe Irkutsk. Verstreute Trümmerteile, Blaulicht, weinende Menschen. Das Bild wechselt, es folgt Reklame.

Markus fragt die Frau, wie lange sie geöffnet hat.

»Bis Mitternacht«, sagt sie, während sie Eiscremebehälter in eine Tiefkühltruhe stapelt. Uns bleibt ein halbes Stündchen Gesellschaft.

»Wo ist eigentlich das Dorf?« erkundige ich mich.

»Hinter dem Wald«, antwortet die Verkäuferin und schließt die Truhe. Es beruhigt mich, den Ort nicht weit entfernt zu wissen. Doch die Blonde erzählt von einem nahen Bärenpfad und daß die Dörfler deswegen nach Anbruch der Dunkelheit in ihren Hütten bleiben. Ich spüre einen Druck auf der Brust. Wir öffnen die Ladentür. Es nieselt. Wir lenken die Karren auf eine Waldschneise und lassen uns einen Steinwurf vom Geschäft nieder. Im Schein der Taschenlampen sammeln wir zügig Holz. Ich schnitze die Rinde von den feuchten Zweigen, reibe sie mit einem Handtuch trokken und entzünde sie. Flämmchen flackern auf. Jetzt nur Geduld, bloß nicht gleich Holz nachlegen. Erst muß die restliche Nässe im Feuer verdampfen. Leichtes Zischen, langsam wächst es an.

Das Zelt steht, ebenso die Strandmuschel, die wir für die Hunde mitnahmen. Auch sie sollen bei dem Sauwetter ein Dach haben. Ich füttere sie. Gierig wühlen ihre Schnauzen im Futter. Gina scheint den Wandertag gut verkraftet zu haben.

Im Laden geht das Licht aus. Ein Motor heult auf, das Fahrzeug biegt in einen Waldweg, Hofhunde bellen, verstummen nach und nach.

Nachdem auch wir etwas gegessen haben, schlüpfen wir ins Zelt. Durch einen Spalt sehe ich das Feuer, klein wie eine Herdflamme. Es erlischt, als sich der Niederschlag verstärkt.

Wir wälzen uns umher, wollen schlafen, liegen wach. Der Regen läßt nach, letzte Tropfen prallen auf das Dach, dann ist es totenstill.

Plötzlich knackt Geäst, meine Hunde schlagen an, wir fahren hoch. Sofort bin ich draußen, leuchte mit der Lampe den Waldrand ab, den Weg zum Geschäft, sehe nichts Ungewöhnliches. Gina und Condor beruhigen sich. Meine Knie zittern.

Wir lauern, daß sich die Szene wiederholt. Erst, als der Morgen dämmert und der Regen wieder einsetzt, schlummern wir ein.

DER REGENTAG

Der nächste Tag ist kein Zuckerschlecken. Die Himmelsschleusen stehen offen, lange Anstiege führen über hügeliges Land, die Karrenräder versinken im Schlamm.

Klitschnaß trotten die Hunde neben uns her. Ihr Fell ist kraus, ihre Köpfe sind geduckt. Auf einmal laufen sie los. Ronald will sie zurückrufen, da sehen wir den See, zu dem sie wollen. Wie gemalt bettet er sich zwischen dunkelgrüne Erhebungen, über die schwere, finstere Wolken ziehen. Ein Ort – gleich greifbarer Verlassenheit. Die Hunde beugen sich über klares, vom kühlen Wind bewegtes Wasser und saufen.

Dunkelheit ergießt sich über das Land. Wieder sitzen wir vor dem Zelt, sprechen dem Feuer zu, es möge nicht erlöschen. Vergebens. Die Schlafsäcke sind klamm. Wir liegen darin und kratzen die wunden, von Mücken zerstochenen Füße. Dann werden wir müde, schlafen, und nichts und niemand hält uns heute davon ab.

DIE KANTINE

Der Wind kommt von vorn, zieht an den Kapuzen. Feiner Niederschlag frißt sich in jeden Gesichtswinkel. Selbst unsere Leiber – umhüllt von »GoreTex« – sind längst nicht mehr trocken. Um zwei Uhr nachmittags braust das erste Auto des Tages vorbei und klatscht uns Pfützenwasser an die Hosen.

Drei Stunden später stehen wir in Ganaly – einem verschlafenen Nest mit vier Holzkaten und einer Baracke. Irgendwo bellt ein Hund in den grauen, nebligen Tag. Hier wollen, hier müssen wir den leeren Proviantbeutel füllen.

Wir stellen die Karren ab, leinen die Hunde an und gehen den abschüssigen Weg zur Baracke. Aus ihr tritt ein Mann mit unrasiertem Gesicht und Kordhut. Zuversichtlich fragen wir nach einem Laden. Der Fremde schüttelt lachend den Kopf. Das Geschäft gäbe es schon seit Jahren nicht mehr.

»Wozu auch?« höhnt er vollmundig. »Für uns paar Leute?« Die nächste Siedlung ist über sechzig Kilometer entfernt. Was soll nun werden? »Verkaufen Sie uns was zu essen?« fragt Ronald. Der Mann grummelt und führt uns in die Unterkunft.

Draußen spielt der Wind mit zwei quietschenden Fensterläden. Wir steuern durch einen langen, kahlen Flur in einen beleuchteten Raum, aus dem eine tiefe, energische Stimme dringt. Sie gehört einem kräftigen, grauhaarigen Anzugträger, der von seinem breiten Schreibtischsessel aus auf eine Frau im Weißkittel einredet. Ihr Platz auf dem abgeschabten Polsterstuhl, flankiert von glanzloser Anbauwand und dünnbeinigem Tisch, scheint die Hackordnung der Personen darzustellen. Wir stehen im Eingang, tropfen mit unserer Kleidung die Holzdielen voll und werden nicht bemerkt.

Unser Begleiter unterbricht das Gespräch und stellt uns und das Anliegen vor. Der Mann im Anzug justiert seine Stimme, klingt nun freundlicher. »Schauen Sie, Jelena Petrowna, Touristen.«

Die schmalgesichtige Frau mittleren Alters sieht uns mit verweinten Augen an und schneuzt in ein Taschentuch. Der Mann stellt sich als Bürgermeister vor und bedauert den längst geschlossenen Einkaufsladen.

»Kinder, kommt in die Kantine«, sagt die Frau und erhebt sich.

Im Speisesaal ist es warm, doch wir frösteln noch, kauern auf den Stühlen nah am Ofen. Jelena Petrowna serviert uns heiße Zitrone in blaugepunkteten Porzellanbechern, einen Bastkorb voll weicher Brötchen und eine Schale mit brauner Fischpaste. Die Frau sieht durch das Küchenfenster, entdeckt Gina und Condor und gerät ins Schwärmen. Sie und ihr Mann besäßen auch einen Schäferhund. Sie wohnt in Milkowo und reist jeden Morgen über 150 Kilometer mit dem Bus an. Sie gibt uns noch mehr von der Paste und legt weitere Brötchen in den Korb. Wir sollen auch den Hunden welche schmieren. Sogar drei Büchsen Fleisch stellt sie uns hin.

Es reizt, den ganzen Abend am Ofen zu sitzen, doch wir wollen noch ein bißchen Strecke machen. Während die Küchenfrau Geschirr spült, legen wir ihr heimlich den Hundertrubelschein, den sie nicht annehmen wollte, unter den Brötchenkorb. Dann verabschieden wir uns.

Gina und Condor fressen die Fischbrötchen auf und schonen so ihr weniges Trockenfutter. Am Barackenfenster erscheint die schmale, neonlichtbestrahlte Silhouette von Jelena Petrowna. Dann fällt die Gardine zurück, und im Raum erlischt das Licht.

Das Gehen fällt schwerer als vor dem Imbiß. In der Kantine umgab uns ein Hauch Menschlichkeit. Unsere Mägen sind gefüllt, aber unser Geist hungert schon nach dem nächsten Dorf. Es ist wie auf früheren Reisen. Und doch scheint es jetzt wieder neu. Nach einer Stunde überholt uns ein Bus. Im Innern erkennen wir die Köchin. Sie hebt ihr Taschentuch und winkt. Wir bleiben stehen und erwidern, bis uns dunkle Auspuffgase die Sicht nehmen. Markus kommt mit seiner Schubkarre leichter voran als ich mit meiner. Bei mir sind die Griffstangen kürzer und im steileren Winkel an das Gestell geschweißt. Steuere ich bergan, muß ich die Handflächen gegen die ungeschliffenen Rohrabschlüsse pressen. Das schmerzt mit der Zeit.

Gut, daß es auf Kamtschatka so viele Bäche und Flüsse gibt. Da reichen uns Trinkvorräte für einen Tag. Sind sie aufgebraucht, entscheidet ein Knobelspiel, wer Wasser holt. Heute zeigt mir Markus einen »Brunnen« und ich ihm eine »Schere«. Er hat gewonnen. Mir graut vor dem Abstieg zum Bach. Ich mühe mich eine schiefe Treppe hinab, halte mich an Ästen von Büschen fest und stöhne. Die wunden Füße sind nur den ebenen Straßenverlauf gewöhnt, nicht solche Kletterpartien. Ich tauche Flasche für Flasche in den Bach. Ist eine voll, verschließe ich sie und werfe sie die Böschung zu Markus hinauf.

Bestückt mit der neuen Wasserladung, lenken sich die Karren freilich nicht besser durch den glitschigen Schlamm. Zudem bietet er beste Bedingungen auszurutschen und bäuchlings zu stürzen. Passiert das, strafen wir den Weg mit wütenden Fußtritten.

Auch wenn sich der Tag aufzublähen scheint, irgendwann endet er doch. Es regnet nicht mehr, der Himmel hellt auf.

Wir steuern einen Schotterplatz an, auf dem ein URAL steht. Seine Fenster sind beschlagen. Plötzlich reibt jemand eine Seitenscheibe frei. Ein bärtiges Gesicht taucht auf, dahinter das einer Frau. Hastiges Ankleiden, gedämpftes Gekicher; der Motor startet, der LKW fährt ab.

Wir sitzen am Lagerfeuer, ich begutachte meine unförmig geschwollenen Füße. Markus scheint gegen Blasen gefeit. Doch beneidenswert sind seine aufgescheuerten Fersen auch nicht.

Wir legen uns ins Zelt. Durch den Eingang betrachte ich glückselig das von einem Baumstumpf genährte Feuer. Es umschlingt eine geleerte Konserve und vernichtet den für Bären anzüglichen Fleischgeruch. Gina und Condor liegen dicht neben den Flammen, trocknen offenbar ihr Fell.

DER DISKJOCKEY

Heute sind wir seit vierzehn Tagen unterwegs, und Petropawlowsk ist schon mehr als 220 Kilometer entfernt. Die Sonne strahlt, es ist angenehm warm, wir tragen T-Shirts. Es wandert sich leichter als gestern, obwohl die Schlammstraße nur langsam trocknet.

Nach Stunden ist das Land weit einsehbar. Am Horizont erheben sich Berge. Wir rollen über trockenen, knirschenden Sand. Das schöne Wetter scheint auch den Mücken zu gefallen. Wir versuchen, sie mit »Komareks« zu bändigen.

Durch eine Birkenlichtung schimmert das Wasser eines Flusses. Das muß laut Karte die große Kamtschatka sein, deren Lauf weit im Norden, im Beringmeer endet. Ich schaue auf ihre glitzernden Wellen und wünschte, mit einer Angelrute am Ufer zu sitzen. Doch wir haben nur Haken und etwas Sehne für den Notfall.

Am Nachmittag des folgenden Tages gehen wir durch eine recht große Siedlung. Sie heißt Puschtschino. Gina und Condor spitzen die Ohren: Ihre Artgenossen schlagen hinter den Gehöftzäunen an. Gebell hallt durch den Ort, mehr und mehr Hunde stimmen kanongleich ein. Manche stecken ihre Köpfe mit fletschenden Zähnen durch Bretterspalten. Eines der Tiere springt unbändig vor seiner Hütte umher. Bei jedem Satz strafft sich seine Kette und schleudert es zu Boden.

Über einem Zaun taucht der Kopf eines zahnlosen Großvaters auf. Ronald fragt nach einem Lebensmittelgeschäft.

»Immer geradeaus«, sagt der Alte.

Ich ziehe die Ladentür auf. Scharnierfedern reißen sie hinter uns zurück. Eine typisch russische Schließtechnik. Im Winter beugt sie Vergeßlichkeit vor.

Fliegen summen. Jemand sitzt am Tresen, führt Selbstgespräche hinter einer Zeitung. Sie wird zur Seite gelegt. Wir gucken auf eine alte Frau mit weinrotem Schal um den Kopf. Ihre Sehhilfe ähnelt einer Schwimmbrille. Um den Mund graben sich tiefe Falten, wie bei einem zerklüfteten Kraterrand.

»Schto?!« ruft die Frau genervt. Schauten wir sie zu lange an? Wir lenken die Blicke in das Regal, fixieren verschiedene Konserven für den Einkauf. Auch was Süßes wäre nicht schlecht. Vielleicht die Schokolade mit den Kosmonautenbildern auf dem Papier? Uns beeindruckt ein Tetrapack Weißwein aus Deutschland. Bei ALDI sah ich ihn für fünfzig Cent. Hier kostet er sage und schreibe fünfhundert Rubel – mehr als fünfzehn Euro. Da drängen sich einheimische, viel billigere Produkte förmlich auf.

Wir nehmen dreizehn Fleischbüchsen, sechs Pfund Speck und siebzehn Tafeln Kosmonautenschokolade. Die Frau lächelt, bietet uns – sozusagen als Bonus – Pfefferminztee an. Wir setzen uns mit den Tassen an einen der Tische.

Erst jetzt bemerken wir den Mann neben der Stereoanlage. Er besetzt einen Hocker, trägt einen Tarnanzug und liest einen Comic von »Spiderman«.

»Was wollt ihr hören?« fragt er und zeigt auf einen Stapel Musikkassetten. Im runden Gesicht mit den eng zusammenstehenden Augen blitzt Schalk auf.

Wir wählen die »Chartbreaker 2002«. Einige Tage ohne Musik, und sie erscheint uns wie von einem anderen Stern. In den unendlichen Weiten Kamtschatkas koppeln wir uns an die Raumstation Puschtschino und sind nicht gewillt, sie schon heute zu verlassen.

Der Mann setzt sich zu uns. Er heißt Andrej und stellt für heute Abend eine Diskothek in Aussicht, bei der er an den Reglern stehen werde. Zu Sowjetzeiten, erzählt er, sei er in diesem Haus für die Kultur verantwortlich gewesen. Nach Parteiversammlungen wurde getanzt und gesungen. Der russische Neubeginn habe das beendet – und Andrej den Job gekostet. Später habe er mit der Mutter – er zeigt zu der

Verkäuferin – diesen Laden eröffnet. Ein durchaus besonderer, denn: »Mama verkauft, ich spiele Musik für die Kunden.« Die Frau bringt Butterbrot und Kaviar. »Probiert unser rotes Gold«, ermuntert sie uns. Wir bitten sie, sich zu setzen. Sie winkt ab, kehrt zur Zeitung zurück.

Sie und Andrej stammen – wie nicht wenige, die wir bisher trafen – aus der Ukraine. Vor zwanzig Jahren habe ihn der Militärsold nach Kamtschatka gelockt. Die Mutter habe sich in Kiew allein gefühlt und sei ihrem Jungen bald gefolgt.

»Es ist romantisch hier«, schwärmt der Mann.

Leute treten ein, nehmen ein, zwei Kisten Wodka, bezahlen, gehen wieder.

»Guter Preis heute?« fragt Ronald den Discjockey.

»Nein, Wochenende.«

Ein Mann nähert sich und grüßt uns zu unserem Erstaunen, als wären wir alte Bekannte. Er hat wulstige Lider und trägt ein halbgeöffnetes Hemd, Trainingshosen und Stiefel.

»Ihr Verrückten«, tönt er, als er sich neben uns setzt. »Habe euch auf der Straße gesehen.« Ich lächle, denn ich begreife, daß wir da draußen gar nicht so allein sind, wie es uns oft scheint. Er sagt, er sei LKW-Fahrer, verkehre zwischen Petropawlowsk und Milkowo und verstehe nicht, wie man sich diese Strecke zu Fuß antun kann. Darauf will er anstoßen. Er bestellt Bier, und als die Gläser aneinanderklirren, wünscht er uns allzeit gutes Wetter.

Pjotr, so heißt der Mann, kommt ebenfalls aus der Ukraine. Obwohl er und Andrej sich angeblich schon seit Jahren kennen, stellen sie erst heute fest, daß sie in Kiew nur zwei Straßen voneinander entfernt wohnten. Der Lastwagenfahrer lacht und hustet zugleich.

Ronald steht auf und schleppt sich wie ein Greis zur Toilette. Es sieht schlimmer aus, als es ist. Die Füße haben geruht, müssen sich erst wieder an den Schuhwänden einreiben.

Die nächste Runde geht auf uns. Als sich die Flaschen zum Prosit erheben, fällt die Eingangstür in den Rahmen und eine feiste Frau mit Äffchengesicht steht daneben. Sie stemmt die Fäuste in die Hüften, schaut sich im Raum um und eilt forsch auf uns zu. Pjotr erstarrt in der Bewegung, die das Bier an die Lippen führen sollte. Die Matrone greift

57

sein Ohr, zerrt ihn vom Stuhl. Er stellt die Flasche auf den Tisch, wird abgeführt, verschwindet.

»Ja, ja«, bemerkt Andrej schmunzelnd, »unsere Frauen«.

ANRUFE

Wir haben ein Satellitenhandy, mit dem wir selbst aus der Abgeschiedenheit Kamtschatkas die uns vertraute Welt erreichen. Zu Hause ist es acht Uhr morgens. Ich rufe Katrin an, höre ihre Stimme. Tausende Kilometer schrumpfen zusammen, jedes Wort ist kostbar. Das letzte wurde gesprochen, stumm sitze ich im Gras. Heugeruch, ein Schaf blökt, Kinder versuchen, mit einem platten Fußball einen Telegrafenmast zu treffen. Die Heimat scheint ferner denn je.

Ronald telefoniert mit Sylvia. Auch er schweigt danach.

Ich gleite schneller als Markus aus dem Tagtraum und läute meine Mutter an. Sie klingt besorgt, hat in der Zeitung über Kamtschatkas Bären gelesen, die derzeit ungewöhnlich aggressiv seien und in Dörfern Vieh töten würden. Während sie ohne Punkt und Komma schnattert und die bebende Stimme ihre Tränen verrät, versuche ich, sie zu beruhigen, sage ihr, wie gut uns Gina und Condor beschützen. Eine Waffe wäre besser. Das muß Mutter nicht wissen. Langsam faßt sie sich, sagt: »Tschüß, Bengel!« und legt auf.

Wir gehen in den Laden. Wieder liest die Alte Zeitung und Andrej seinen Comic. Die Stereoanlage schweigt. Mir fällt ein altes, dunkelgrünes Akkordeon auf. Es steht auf einem Hocker und scheint darauf zu warten, gespielt zu werden. Ich habe Lust dazu, frage Andrej. Er raschelt mit dem Heft, guckt auf und nickt.

Das Instrument hat sechzig Bässe, die vergilbten Diskanttasten reiben beim Niederdrücken aneinander. Vertraute Bilder leben auf: ich in der Berufsschule, mein Wurf mit der Stuhllehne auf die Fensterscheibe, klirrendes Glas. Lehrer Seyer mit dem Käpt'n-Iglo-Bart fragt: »Was mache ich mit dir? Was kannst du?« »Akkordeon spielen.« Der Fahnenappell, ich vor den versammelten Schülern und Lehrern, das schwere Instrument, das Kampflied der Arbeiterklasse ...

Ich schmunzle, klimpere leise herum. Auf einmal lege ich los, entlocke den Tasten »Katjuscha«. Ich habe lange nicht gespielt und bin stolz, das am Konservatorium Erlernte behalten zu haben. Nach dem Schlußakkord applaudieren mir Andrej und Markus. Die Alte zeigt mit der gefalteten Zeitung auf mich und nickt anerkennend.

Die Diskothek steigt im hinteren Saal des Hauses. Vor den hohen Wänden reihen sich Stühle aneinander. Andrej dreht die Regler hoch. Die Musik lockt die Dorfjugend an. Jungs und Mädchen sitzen um die Tanzfläche, die sich nach und nach füllt. Über die Leinwand flimmern Videoclips von »Scooter«. Offenbar ist die Band hier sehr beliebt. Bunt blinkende Lämpchen erhellen Andrejs heiteres Gesicht. Er scheint froh, gebraucht zu werden.

Der Abend endet, wir gehen zurück zum Zelt, das hinter der Diskothek auf der Wiese steht. Gina und Condor sind an die Karren geleint, damit sie den Kühen und Schafen um uns keinen Besuch abstatten können.

DER BÄR

Am nächsten Tag bringt Andrej den Hunden einen halbvollen Eimer mit gekochtem Fisch. Ich entgräte die warmen, matschigen Stücke und werfe sie unseren Beschützern zu. Gierig verschlingen sie die schmackhaften Happen.

Wir verabschieden uns von Andrej und seiner Mutter und verlassen Puschtschino. Das gestrige Prosit auf gutes Wetter hat nicht geholfen. Es regnet.

Meine Akkus sind wieder aufgeladen, ich schreite zügig voran. Ronald aber wirkt müde, scheint Schmerzen zu haben. Ich nehme ihm vier große Trinkflaschen ab. Er freut sich, spielt den Erleichterten. Doch ich merke, er leidet, beißt sich durch.

In der Pause stoße ich ihn aufgeregt in die Seite. Ihm fällt das Speckstück aus der Hand. Er protestiert, verstummt aber, denn: gut zweihundert Meter vor uns kreuzt ein Bär den Weg.

»Tatsächlich!« flüstere ich Markus zu. Der Bär ist nicht groß, aber groß genug, mag etwa sechshundert Pfund wiegen. Er setzt sich auf die Straße und putzt sich den Bauch. Gina und Condor scheinen ihn von hier aus nicht zu bemerken. Was sollen wir tun? Auf ihn zulaufen, laut sein, abwarten, was passiert? Wir bleiben lieber stehen. Hinter dem Bären nähert sich ein grauer Punkt, wird größer. Ein Lastwagen. Das Tier bleibt gemütlich sitzen. Langes Hupen. Erst jetzt bequemt es sich, seinen Platz zu verlassen. Es trottet zu der linken Straßenseite und sucht sein Heil im Dickicht. Der LKW hält an, steht minutenlang da. Man scheint den Bären noch zu sehen. Offenbar ist das auch für die Einheimischen nicht alltäglich. Dann beschleunigt der KAMAS und bremst neben uns. Der Fahrer kurbelt das Fenster herunter.

»Seid vorsichtig«, warnt er, drückt uns die Daumen und läßt uns allein.

Langsam nähern wir uns der Stelle, an der vor kurzem der Bär saß. Bevor Markus ihn sichtete, schmerzten mir Schulterblatt und Oberschenkel. Für Momente bin ich leidensfrei, betäubt vom Adrenalin. Wir gehen weiter, bellen, pfeifen, johlen. Ich las, das schützt vor wilden Tieren. Aufgeregt beobachte ich die Hunde. Sie verhalten sich ruhig.

BESCHERUNG

Ein Motorgeräusch schwillt an und versüßt den verwaisten Wandertag abseits der Siedlungen. Der Fahrer des weißen Honda drosselt das Tempo, winkt durch die gesprungene Frontscheibe und rollt den Wagen neben uns aus. Markus und ich kennen den Mann mit dem schütteren Haar aus Puschtschino. Wie gestern trägt er einen blauen Trainingsanzug. Mit forscher Gestik ermuntert er uns mitzufahren. Der Platzmangel scheint ihm kein Hindernis, er will die Schubkarren auf das Dach schnüren. Beseelt von der Idee springt er aus dem Auto und löst die Befestigungsriemen an meinem Rucksack. Sein gutgemeintes Vorhaben irritiert uns. Wir bitten ihn aufzuhören und uns ziehen zu lassen. Er hält inne, murrt etwas und rubbelt mir kumpelhaft übers Haar. Dann setzt er sich in den Wagen und rast davon.

Eine halbe Stunde später ist er wieder da und entsteigt selig lächelnd dem Honda.

»Ich habe Geschenke«, verkündet er feierlich und überreicht uns eine unterarmgroße Signalrakete, die aus alten Armeebeständen stamme. Er erklärt uns, wie weit man sie vom Bauch weghalten muß, wie man ihren Schraubverschluß löst und das Bändchen mit dem Ring herausholt, an dem man im Notfall – ich stelle mir den Bären vor – ziehen muß. Danach holt er einen grünen Hefter von der Rückbank und schlägt ihn auf. »Ich war hier beim Militär«, sagt er und blättert in Landkarten. »Die sind eine gute Hilfe. Nehmt sie, ich brauche sie nicht mehr.« Damit nicht genug. Er steckt uns auch noch eine dunkelbraune Schapka, einen tiefgefrorenen, schollenähnlichen Fisch und eine Flasche Weißwein zu. »Medizin«, meint er, mit dem Finger auf ihr Glas pochend. Als wir die Gaben in den Händen halten, überzieht mich Gänsehaut, mein Kinn bebt. Am liebsten würde ich den Mann umarmen. Aber das traue ich mich nicht. Er verrät uns, einst Berge im Pamir und Himalaja bestiegen zu haben. Durch uns fühle er sich an seine Abenteuer erinnert. Dann steigt er ins Auto und beschleunigt, daß Kieselsteine auffliegen.

Am Abend reißt der Himmel auf. Wir lagern an der Weggabelung nach Scharoma, genießen den süßen Wein und rösten Brot und Speck über dem Feuer. Ein Blick auf die Karte verrät: Milkowo, der nächste Ort, ist nur wenig mehr als einen Tagesmarsch entfernt. Wenn wir morgen früher als sonst aufstehen ... Geschwind kriechen wir in den Stoffiglu. Der Lichtschein des Feuers tänzelt noch lange an der Zeltwand.

BEGEGNUNGEN

Mittagszeit. Bombenwetter. Ronald hält an, wischt sich den Schweiß von der Stirn. Kein Lüftchen weht. Der Wind hätte viel Freiheit: Die Wiesen erstrecken sich bis zu den Wäldern am westlichen Horizont, bis zu den weit entfernten, pyramidenförmigen Bergen im Osten, an die sich Kumuluswolken schmiegen.

Ein dunkelblauer Pick up bremst, umwirbelt von Staub. Am Steuer erkennen wir Pjotr, den Fernfahrer aus Puschtschino.

»Die Verrückten«, sagt er, als er aussteigt.

»Wie geht's dem Ohr?« fragt Ronald verschmitzt. Der Mann lacht, begleitet von ausgiebigem Raucherhusten.

Aus dem Wagen klettern eine junge Frau mit strammer Oberweite und ein sehniger Bursche.

»Meine Tochter Svetlana und mein Schwiegersohn Lew«, sagt der Fernfahrer, stellt sich zwischen die zwei und legt ihnen seine Arme um die Schultern. Die drei lächeln, posieren wie für ein Foto. Ich lasse mich nicht bitten und mache eins. Sie wollen Abzüge davon haben. Pjotr schreibt mir eine Adresse auf, zu der ich die Bilder später senden soll.

Die Leute stärken unsere Hoffnung, noch heute Milkowo zu erreichen. Es läge sogar näher, als wir meinen. Die Familie bricht auf, und wir steuern fröhlich die nächste Oase an.

Als wären wir Magnete, stoppt auch der nächste Wagen. Den Blick in den Fond des Kleinbusses verdecken Vorhänge.

»Ihr fahrt in die falsche Richtung«, sächselt ein großer, bebrillter Mann, der mit einer sonnenverbrannten Frau neben dem Auto auftaucht. Für einen Moment verdrängt die Freude, Landsleuten zu begegnen, mein Grübeln über die Bemerkung des Deutschen. Wir schütteln eifrig Hände. Der gut Sechzigjährige fixiert uns mit Dreiecksaugen und erklärt das Gesagte: Richtung Norden, noch vor Milkowo, erwarte uns eine übellaunige Milizkontrolle. Wir sollen lieber umkehren. Wir erwidern, es mit den Polizisten versuchen zu wollen. Der Sachse lacht auf und stellt uns seine Frau vor. Sie heißt Jutta und ist Lehrerin.

Auch der südländisch wirkende Chauffeur steigt aus. Er grüßt, zündet sich eine Zigarette an und inspiziert die Schubkarren.

Das Ehepaar kommt aus Dresden. Dieser Urlaub sei das Abenteuer ihres Lebens. Wir erfahren von einer wackligen Seereise in einem bezaubernden Naturreservat, was sie gekostet hat und daß sie sich wünschen, Kamtschatka läge nicht am Ende der Welt.

Während ihnen die Worte nur so aus den Münden sprudeln, ist der Chauffeur dabei, die spröden Griffstangen unserer Karren mit Klebeband zu umwickeln. Wir fassen sein Engagement kaum. Hat er unsere wunden Hände bei der Begrüßung erfühlt? Nach getaner Arbeit verschwindet er im Auto. Wir bitten die Dresdner um einen Moment, gehen zum Chauffeur und danken ihm. Er winkt ab.

»Paßt auf euch auf«, sagt er.

Die Deutschen geben uns ihre Heimatadresse. Sie steigen in den Bus, ziehen die Vorhänge auf, öffnen ihr Klappfenster und loben Gina und Condor, die artig auf der Wiese liegen.

Das Fahrzeug ist fort, zurück bleiben eine Staubwolke und das Klebeband des Chauffeurs.

DIE WASSERFLASCHE

Es sind dreißig Grad. Die Hunde schleppen sich im Schatten der Karren voran und lechzen nach Wasser. Unsere Kehlen sind so trocken wie der Staub unter den Füßen. Markus schickt ein Stoßgebet zum Himmel, es möge sich ein Bach zeigen.

Statt dessen zeigt sich in der Ferne ein Lastwagen. Er nähert sich, wir winken. Ein URAL scheppert vorbei, seine Bremsen greifen lange, bis er steht. Der Fahrer legt den Rückwärtsgang ein und rollt uns entgegen, während wir zu ihm laufen.

»Sind das alle?« ruft Markus durch den Motorlärm und zeigt dem Mann die Landkarte, in der Hoffnung, daß nicht jeder Fluß, jeder Bach verzeichnet ist.

»Noch fünf Kilometer«, antwortet er. »Direkt an der Straße.« Sein Fuß spielt mit dem Gaspedal. Er greift neben sich und reicht uns eine Flasche Mineralwasser. Als er abfährt, halte ich sie zum Gruß in die Höhe.

Ich gieße den Hunden ein paar Schlucke in die Schüssel. Nach kurzem Schlecken ziehen sie die Schnauzen weg. Offenbar irritiert sie die Kohlensäure. So sehr ich die Tiere motiviere, sie meiden das Wasser. Erbost kippe ich die Schale aus. Markus und ich trinken etwas und gehen weiter.

Nach einiger Zeit hecheln die Hunde so sehr, daß ich einen neuen Versuch starte.

»Trinkt endlich! Trinkt! Trinkt!« befehle ich ungewohnt barsch. Aha, sie beginnen zu schlabbern – erst Condor, dann Gina – und wollen gar nicht mehr aufhören. Seit unserer Begegnung mit dem Lastwagenfahrer haben wir schon acht Kilometer hinter uns gebracht. Doch wir sehen weit und breit kein Gewässer. Der Fahrer scheint sich verschätzt zu haben. Erst eine knappe Stunde später spitzen die Vierbeiner die Ohren, werden wacher, schneller. Wir erreichen einen kleinen Flußlauf.

FLÜSSIGER ZOLL

Der Abend legt seine kühlende Hand auf das Land. Als streiche sie über die Gräser, beginnen sie sich sanft zu wiegen. In der Nähe singt ein Vogel.

Vor uns taucht eine Stahlbrücke auf. Sie führt über die Andrijanowka, die hier irgendwo in die Kamtschatka mündet. Auf der langen Überführung erkennt Ronald einen Schlagbaum, ein Kontrollhäuschen und Männer in Uniform. Ich sehe zunächst fast nichts, weil mir Sand in die Augen kam. Doch dann erblicke auch ich die von den Dresdnern prophezeite Milizkontrolle.

Wir stehen vor der Schranke. Fünf Polizisten eilen zu uns, reden wild drauflos. Ihr Atem riecht nach Fusel. Wir zeigen unsere Dokumente. Sie blättern darin und versuchen, gleich einem Quizteam, die ihnen ungeläufige Schreibweise unserer Namen zu entschlüsseln. Glaubt jemand die Lösung zu wissen, ruft er sie aus und erntet anerkennendes Gelächter. Den Männern scheint das Rätseln Spaß zu machen. Sie erweitern es auf Stempeleindrucke von weltweiten Grenzübertritten. Derweil steigt Ronald mit den Hunden die Böschung zum Fluß hinab.

Ein Dicker, dem die Zähne schief stehen, reicht mir die Papiere zurück.

»Ihr könnt durch. Aber vorher...« – er wieselt in das Häuschen und kehrt mit einer halbvollen Wodkaflasche zurück – »... vorher trinken wir.« Er füllt sechs Plastikbecher und gibt mir einen ab.

»Vielen Dank«, laviere ich. »Ich möchte nicht.«

»Wollt ihr weiter oder nicht?« Seine Mitstreiter schütten sich das Zeug in die Kehlen und starren mich danach erwartungsvoll an. Ich trinke aus und sehe in Gedanken den Schlagbaum hochschnellen. Doch weit gefehlt, der Beleibte verordnet mir einen zweiten Drink. Ich weigere mich, gehe zum Brückengeländer, rufe Ronald. Die Meute folgt mir, als hielten uns Gummibänder zusammen. Als mein Freund mit den Hunden bei mir ist, fühle ich mich gegen die Willkür des Dicken gefeit. Noch ein Koppelträger naht. Die Umstehenden nennen ihn »Kapitan«. Er hat ein eckiges Gesicht, das eine kantige Hornbrille noch eckiger macht. Auch er ist betrunken. An seinem Uniformhemd fehlt der oberste Knopf. Statt diesem zappelt ein weißer Faden im seichten Abendwind. Der Mann hat Feierabend und lädt uns zu sich nach Hause, nach Milkowo, ein. Aus einem Bauchgefühl heraus mißfällt es uns, auf seinen Vorschlag einzugehen. Wir möchten den Ort lieber auf eigene Faust erreichen und uns in Ruhe einen Schlafplatz suchen. Während uns der »Kapitan« zu überreden versucht, öffnen zwei der Polizisten unverhofft die Schranke. Erleichtert passieren wir und lassen ihn zurück. Er aber folgt uns, hakt sich bei mir ein, will mich im Gehen umarmen. Als Condor ihn anbellt, läßt er mich los und bleibt zurück. Wir drehen uns nicht mehr um, legen einen Zahn zu.

Erstaunt stellen wir fest, daß der Asphalt nach der Brücke nicht endet, er uns vielleicht noch länger das Vorankommen erleichtert. Milkowo ist offenbar eine wichtige Siedlung. Sie heute zu erreichen scheint fast aussichtslos. Es ist bereits zweiundzwanzig Uhr, und vor uns liegen noch fünfzehn Kilometer.

Anscheinend trägt der »Kapitan« Zauberschuhe. Trotz wankenden Ganges heftet er sich erneut an unsere Fersen und ruft: »Stoi!« Markus und ich beschleunigen, haben das Gefühl, unsere Füße werfen Flammen. Um die Schmerzen zu schwächen, rollen wir die Schritte über die Zehen ab. Wir blicken uns um, der Gesetzeshüter scheint die Verfolgung aufzugeben, wird langsamer. Hinter ihm naht ein Auto. Er versucht es anzuhalten, gestikuliert wild. Der Fahrer bremst, die Reifen quietschen, er öffnet seine Tür und redet mit dem »Kapitan«. Plötzlich beschleunigt der Wagen. Der Uniformierte läuft ein Stück mit, hält den Türknauf fest, läßt los und fällt schwungvoll zu Boden, daß ihm die Tellermütze vom Kopf kullert. Wir beobachten, fast mitleidig, die Szene. Der Gestrauchelte richtet sich auf, klaubt seine Mütze auf. Schon kommt ein zweites Fahrzeug. Auch das stoppt – und rast kurz darauf fort. Scheinbar sind den Leuten betrunkene Polizisten nicht geheuer. Es folgt ein dritter Wagen. Diesmal hat unser Verfolger Glück. Er tastet sich entlang der Motorhaube bis zur Beifahrertür, steigt ein und fährt an uns vorbei.

Langsam dunkelt es. Am Horizont sehen wir Lichter. Sollen wir lieber auf dem Acker das Zelt aufbauen? Eine unbestimmte Kraft hält uns davon ab. Vielleicht, weil wir uns bereits die Nacht in Milkowo ausmalen: Wie wir im Zelt liegen und der Wind mit einer offenen Gartenpforte spielt, wie es kräftig zu regnen anfängt, wie Tropfen in eine Tonne trommeln und jemand durch Pfützen läuft, wie wir – inmitten dieser Lebenszeichen – beruhigt in Träume gleiten …

Die Finsternis verschluckt die Straße und scheinbar jegliche Geräusche. Schweigend mühen wir uns voran. Plötzlich dringt aus den Büschen ein Schnarren. Erschreckt suchen meine Blicke nach den Hunden. Sie stehen hinter uns, spitzen die Ohren, blicken zum Gebüsch. Ich rufe sie leise.

Nach einem Kilometer beschließen wir, den Ort für heute aufzugeben. Wir sind erschöpft, haben noch nicht mal Hunger, wollen nur in die Säcke kriechen.

Auf den Isoliermatten liegt es sich wie auf Wellblech. Schuld daran ist der Ackerboden. Obwohl wir todmüde sind, schalten sich unsere Köpfe nicht ab. Das Blut pulsiert durch die malträtierten Füße. Ich ziehe die Strümpfe aus. Die Luft stinkt nach Eiter. Erst Stunden nach Mitternacht schlafen wir ein.

MILKOWO

Tag siebzehn. Wir schälen uns mittags aus dem Zelt, können unsere Knochen und Sehnen zählen, spüren sie alle. Wir essen die letzten Brotscheiben und teilen uns den Inhalt einer Fischdose. Dann brechen wir auf.

Nach zwei Stunden erblicken wir das Ortseingangsschild von

Milkowo. Ronald schießt ein Foto davon. Wir gehen weiter, über zerfurchten Asphalt, vorbei an einem leerstehenden Betonbau. Über dem Eingang hängt ein verrostetes »A«, der Rest des Wortes fehlt. Wir halten auf einer Brücke. Dort unten, am steinigen Ufer des Flusses, scheint ein guter Lagerplatz zu sein. Wir wollen uns zwei, drei Tage erholen und uns an den 360 Kilometern erfreuen, die nun hinter uns liegen. An dem Ufer knien zwei Männer und nehmen mit langen Messern Lachse aus. Neben ihnen parkt ein blauer Minivan. Der eine Fischer trägt einen Tarnanzug und ähnelt einem Inuit. Der andere ist muskulös, steckt in Jeans und T-Shirt und wirkt europäisch. Seine Glatze und das vernarbte Antlitz lassen ihn gefährlich erscheinen.

Wir gehen ein gutes Stück weiter, halten an und schnallen das Gepäck von den Karren. Ronald wirft Steine in den Fluß. Die Hunde jagen hinterher, kühlen ihre Leiber.

Erfrischt kehren sie zurück, schütteln die Nässe aus dem Fell und beginnen zu bellen: Die Angler nahen. Während Ronald die Tiere auf Abstand bringt, stellen sich die Männer vor. Sie sind Brüder. Der Glatzköpfige heißt Oleg, der mit dem Eskimogesicht Wolodja.

»Werdet ihr fischen?« fragt letzterer. Ich verneine, erzähle von uns.

»Was, hier wollt ihr schlafen? Wozu habe ich eine Datsche?«

»Komm du mit, ich zeige sie dir«, ergänzt Oleg. Ich erschaudere vor seinem Blick, der sich eiskalt auf mich gerichtet hat.

Ronald, die Hunde und Wolodja bleiben beim Lager, ich folge dem Kahlkopf. Wir steigen in den Wagen, er erklimmt die Böschung und nimmt auf der Straße Fahrt auf. Die Kabine duftet nach Vanille. Am Innenspiegel hängen »Wunderbaum« und Rosenkranz. Wir sausen an einem gespenstischen Plattenbau ohne Putz und Fenster vorbei. Daneben steht ein vierstöckiges Haus, dessen Seitenwand Juri Gagarins Kopf, eine Rakete und elf Sterne abbildet. Es ist still im Auto. Ich könnte mit dem unheimlichen Fahrer, an dessen Händen etwas Fischblut klebt, plaudern, weiß aber nicht, worüber. Auch er schweigt, als gäbe es mich nicht. So rollen wir stumm den von kleinen Laubbäumen und Telefonmasten gesäumten Weg entlang und hören dem summenden Motor zu.

Wir biegen in eine Nebenstraße ein. Links und rechts stehen dunkelbraune Holzhütten. Dann halten wir vor einer gemütlichen Veranda. »Hier lebte unsere Mutter«, sagt Oleg wie ein Maschinenmensch. »Sie starb vor drei Jahren.«

»Da drin?« Ich zeige auf das Haus. Der Mann nickt.

»Wollt ihr hier schlafen oder nicht?«

»Doch, gern, kein Problem.« Er gibt Gas, wir fahren zurück.

»Gefällt es dir?« ruft mir sein Bruder zu, als wir dem Kleinbus entsteigen. Ich bejahe und danke für das Angebot.

»Dann packt die Sachen zusammen.« Er wickelt einen der Fische in Zeitungspapier, die anderen steckt er in eine große Tüte, packt sie ins Auto und entsorgt die Eingeweide im Fluß.

»Steigt ein!« befiehlt Oleg, mit der Hand in das gepflegte Innere des Van weisend. Wir schauen auf das feuchte Fell der Hunde, zum schmutzigen Gepäck und sagen, daß wir einen Fußmarsch vorziehen. Der Glatzköpfige scheint das auch so zu sehen, setzt sich wortlos in den Wagen und fährt fort.

Wolodja begleitet uns. Ich frage, was er und sein Bruder beruflich tun.

»Oleg macht dies und das, und ich bin Fischer. Ich war mal Musiklehrer. Nach der Perestroika wurde ich entlassen. Ich bin jetzt siebenundvierzig. Viele Träume habe ich nicht mehr. Ich bin froh, wenn ich meine Familie ernähren kann.«

Wir kommen am großen Rohbau vorbei. Ronald fragt, ob man das Haus nicht mehr fertigstelle. Es seien keine Gerätschaften zu sehen. Der ehemalige Pädagoge meint, daß das so bleiben werde. Es eigne sich hervorragend als Denkmal für den Niedergang der Sowjetunion.

Unser Begleiter kann sich meinen Vornamen nicht merken. Diesmal nennt er mich »Rudolph« – und dabei bleibt es für den Rest unserer Begegnung. Während die Karren über den unebenen Bürgersteig hoppeln, sagt Ronald dem Fischer, daß der Mike Tyson ähnle. Wolodja lächelt zufrieden.

»Ich bin Tschuktsche.« Er war ein Jahr alt, als seine Mutter mit ihm von Tschukotka nach Kamtschatka umgesiedelt ist. Sie habe damals in Anadyr ihren Mann verlassen und hier, in Milkowo, einen Russen geheiratet, den späteren Vater von Oleg.

»Und als sie starb«, resümiert der Fischer, als wir die Datsche erreichen, »starb auch ein Teil in mir. Ich konnte das Haus lange nicht betreten.« Er bittet uns, die Schuhe auf der Veranda auszuziehen. Dann flitzt er in den Korridor und kehrt mit zwei Paar Pantoffeln zurück. Sie passen uns nicht, sind viele Nummern zu klein. »Ihr Deutschen lebt auf großem Fuß«, scherzt Wolodja und zwinkert uns zu. Er führt uns in den Flur, wo es nach alten Äpfeln riecht. Eine saubere, aufgeräumte Küche schließt sich an. Das Besteck liegt geordnet in einem Kasten und glänzt im Sonnenlicht, das durch gardinenbehängte Fenster fällt. Eine Fliege summt über dem Abwaschbecken.

Der Gastgeber zeigt uns das Wohnzimmer. Wir sollen auf den beiden Sofas am Fenster schlafen. Daneben steht ein ausladender Holzschrank. Er beherbergt verblichene Fotos und leicht verstaubten Nippes. Als warteten die Sachen darauf, beachtet zu werden.

»Das bin ich«, sagt Wolodja fröhlich und zeigt uns ein Schwarzweißbild von einem jungen Mann mit Akkordeon. »Ich kann gut spielen. Seht nur, die Urkunde.« Wir beschauen ein goldumrandetes Papier, das Reißzwecken an der Wand halten. Eine winzige Spinne läuft über Stempel und Unterschrift eines Institutleiters. Ronald erwähnt sein Akkordeonspiel in Puschtschino. Wolodja nickt anerkennend und schaut auf seine Uhr.

»Kinder, ich muß los. Wir sehen uns zum Abendbrot.« Dann geht er fort.

OLEGS AUSFLUG

Der Nachmittag ist wie Urlaub. Markus und ich sitzen faul auf der Veranda und halten uns an einem harmonischen Moment fest, der Tagträume abseits des Wanderlebens gebärt. Die Hunde entspannen im hohen Gras. Ich habe sie im Schatten eines Schuppens an die Karren geleint. Mein Blick schweift über das Grundstück. Wie fast jedes russische Anwesen hat auch dieses ein Gewächshaus. Das, was der kleine Mann anbaut – etwa Gurken, Tomaten und Erdbeeren – unterscheidet sich nicht von dem im Garten meiner Eltern. Ich sehe Vater vor mir, wie er sich behend durch die Beete bewegt und Radieschen erntet, wie er abfällig in meine Richtung winkt und ohne aufzuschauen poltert: »Eure Reisen sind Humbug!«

Vor dem Zaun hält Olegs Kleinbus. Wagentüren knallen derb ins Schloß. Gina und Condor springen auf, bellen, zerren an ihren Gurten. Der Kahlköpfige und sein hochaufgeschossener Begleiter bleiben an der Pforte stehen. Sie könnten gefahrlos hereinkommen und an den Tieren vorbeigehen, denn die Leinen reichen nicht so weit. Doch die Männer scheinen verunsichert. Ich beruhige die Hunde, während die Ankömmlinge zu der Veranda laufen. Sie schlagen vor, uns die nahe, wunderschöne Berglandschaft zu zeigen. Wir lassen die Hunde zurück und fahren mit.

Der Begleiter heißt Aleksej. Er hat hohe Wangenknochen und vernarbte Haut, wie Oleg. Doch seine braunen Augen und das dunkle, lässig in die Stirn fallende Haar geben ihm ein freundliches Aussehen.

Die Tour führt in die Richtung, aus der wir heute kamen. Wir erkennen unseren Schlafplatz, den Acker und das Gebüsch, aus dem das Schnarren drang. Bald sehen wir auch die Brücke über die Andrijanowka.

Kurz davor biegen wir plötzlich in einen schmalen, holprigen Weg ein und schlenkern durch das Unterholz. Verwirrt blicke ich zu Markus und wünschte, er würde nicht so besorgt gucken. Wo ist die Berglandschaft? Aleksej sagt etwas zu Oleg, der ein Ganovenlachen anstimmt.

Äste schrammen am Lack, dann verbreitert sich der Weg, wir steuern auf eine Lichtung. Hohes Gras, mannsgroße Büsche, Weidenröschen. Der Wagen stoppt. Ronald schaut mich fragend an. Der Glatzköpfige weist uns an auszusteigen. Er führt uns zu einem Blaubeerstrauch und zeigt uns die eigenartig geformten Früchte. Sie sind nicht rund wie in Deutschland, sondern oval.

»Sehr vitaminreich. Probiert!« Die großen Beeren zerplatzen im Mund, schmecken köstlich. »Sind gut gegen Durst.« Der brutal aussehende Mann krempelt sein linkes Hosenbein hoch, streift die Blüten eines Weidenröschens ab und verreibt sie an der Wade. Der Pflanzensaft, so Oleg, lindere Gelenkschmerzen. Seine onkelhafte Art beruhigt mich. Er ein Übeltäter? Was für ein Unsinn!

Wir fahren weiter und erreichen ein weitflächiges Grundstück, das satt-grüne Bäume umrahmen. Wieder lacht Oleg wie ein Gangster, wieder horchen Markus und ich auf.

»Ist es nicht schön hier?« schwärmt der Kahlschädel, als wir aus-steigen. »Das ist mein Besitz.« Wir folgen einem schmalen Pfad, der durch gepflegte Beete auf ein hellblaues Holzhaus zuläuft. Zwischen den Zwiebeln jätet ein älterer, grüngekleideter Mann Unkraut. Oleg stellt ihn uns als seinen Gärtner vor. Der schüttelt unsere Hände und gibt sich als Liebhaber deutscher Literaturklassiker aus. Die Sonne scheint durch die hohen Bäume. Ihr Licht glitzert auf einem Teich, in dem goldbraune Zierfische schwimmen. Oleg betrachtet sie mit schrä-gem Kopf, gleicht einem Schuljungen, der sich verträumt über ein Geschenk freut.

»Wollt ihr duschen?« fragt er auf einmal im kernigen Ton und zeigt auf ein kleines Badehaus. Minuten später ergießt sich heißes Wasser über uns, das den Dreck von Tagen aus den Poren spült. Als wir fertig sind, will uns Oleg die Banja einheizen. Wir erinnern uns an Juris Höl-lensauna und verneinen.

Während Aleksej mit dem Gärtner schwatzt, führt uns der gutsitu-ierte Gastgeber durch die penibel saubere Datsche. Er zeigt uns seinen Schlafraum, der einem Jagdzimmer gleicht. An den Wänden hängen Lanzen, glitzernde Schwerter und Geweihe unterschiedlichen Wilds. Die breite Holzfront des Bettes verziert das Aquarell eines Gebirgs-sees. Oleg schwärmt von den malerischen Fähigkeiten des Gärtners. Sämtliche Gemälde im Haus trügen sein Signum. Der Grundstückseig-ner stimmt sein Aufschneiderlachen an. Als wolle er ausdrücken: »Seht her, zu was ich es gebracht habe.«

Wie bei einer Museumsführung durchqueren wir abermals den Gar-ten und betreten einen langen Schuppen. Die Hitze treibt Harzgeruch aus den Brettern. Oleg zeigt auf ein Sieb von der Größe eines Auto-dachs. Hier filtere man Kaviar. Dutzende, mit Gazetuch bedeckte Kisten, voll mit dem roten Gold Kamtschatkas, zeugen davon. Auf unser Raunen folgt Olegs Gelächter. Aleksej, der zu uns stieß, schweigt, wirkt gleichgültig. Als wir schätzen, wieviel der Kaviar in Deutschland wert sei, schaut uns der Mann interessiert an.

»In der Stadt kostet das Kilo nur zehn Dollar«, rechnet Oleg enttäuscht.

Die Ware nach Petropawlowsk zu schmuggeln, sei nicht ungefährlich. »Darauf steht Gefängnis«, sagt er beinahe stolz. Doch man wisse den Lohn der Miliz aufzubessern. Oleg füllt eine Suppenschüssel mit den prallen Lachseiern und übergibt sie uns randvoll. »Für unsere Freunde das Beste.« Es wirkt wie ein Appell an unsere Verschwiegenheit.

Wir verlassen den Schuppen, gehen ein Stück und betreten einen Campingwagen. Fette Fliegen brummen um eine schirmlose Deckenlampe. Zweige ratschen, vom Wind bewegt, am Fenster. Markus und ich setzen uns an einen Klapptisch und löffeln den edlen Kaviar aus der Schüssel. Ich denke an die Tage unterwegs, an das fade Dosenfleisch, das vertrocknete Brot, meinen knurrenden Magen. Unsere Gönner lümmeln derweil auf einem Sofa, nippen an Kaffeetassen und beobachten uns – scheinbar zufrieden, daß es uns schmeckt.

Oleg sagt, ihr zweites Einkommen sichern Touristen, die Bären jagen wollen. Offiziell brauche man eine Abschußgenehmigung, die fast 10000 Dollar koste. Die beiden aber wüßten, wie man so einen Wisch fälscht, ihn Hobbyjägern zum fairen Preis verkauft und Mitwisser schmiert. So hätten alle etwas davon. Sie reden wie über einen Lausbubenstreich.

Oleg wechselt das Thema, versucht, uns die hiesige Tierwelt zu erläutern und scheitert an unserem Wortschatz. Er steht auf, geht zu einem kleinen Regal und nimmt einen Bildband heraus, in dem die Waldbewohner dargestellt sind. Das Kinderbuch will nicht zu dem muskulösen, raubtierähnlichen Mann passen. Doch nun erfahren wir: Auf Kamtschatka leben Hirsche und Zobel, Luchse und Vielfraße, Polarfüchse und Walrosse, Elche und Schneeschafe, Hermeline und Tundrawölfe, die fast zwei Zentner schwer sein können.

Am Abend fährt uns Oleg zu Wolodjas Datsche. Unterwegs steigt sein Kollege aus. Warum uns die zwei vor dem Ausflug eine wunderschöne Bergwelt versprachen, bleibt uns verborgen.

Das Abenteuer beginnt. Im Hintergrund: der mächtige Korjaksky-Vulkan.

Kinderwagen und Ziehkarre als Transportmittel. Gina (links) und Condor - er starb nach der Reise durch einen Autounfall - sollen Bären von uns fernhalten.

Viktor ist Bürgermeister von Sokotsch und ein waschechter Kosak.
Für seine Vorfahren hat er ein Museum gegründet.

Wir verbringen vier Tage in einem Ferienlager für Kosakenkinder.

Viktor hat für uns Schubkarren bauen lassen.

Ronalds Fersen nach ein paar Wandertagen.

Eine Bäuerin in Milkowo.

Zu Gast bei Wolodja (2.v.l.) in Milkowo.
Sein Bruder Oleg ist ein Kaviar-Mafioso.

Kaviar: das rote Gold Kamtschatkas.

Am Ufer der großen Kamtschatka. Die Raupe versucht, den Bagger vor dem Abgleiten in den Fluß zu retten.

Tanja und Kolja aus Kosyrewsk. Stolz präsentiert uns der Familienvater eine Njerka. Fischfang ist die Haupterwerbsquelle auf der Halbinsel.

Wassilij gibt uns Tips zum Schutz vor Bären.
Links im Bild: Gattin Tanja (l.) und Schwester Olga.

Ronald mit Roma (l.) und Juri vor ihrer Milizstation in Kljutschi.

Blick über die Kamtschatka zum Schiwelutsch,
dem derzeit aktivsten Vulkan auf der Halbinsel.

Der Kljutschewskoi ist mit 4750 Metern der höchste Vulkan Eurasiens.

Markus am Ende seiner Kräfte. Wir müssen die Vulkanbesteigung abbrechen.

Unterwegs nach Ust-Kamtschatsk. Die Männer warnen uns vor Bären,
die in diesem Jahr sehr aggressiv sein sollen.

Naturführer Aleksander aus Esso. Er verdient sein Geld mit Touristen und ist ein ausgezeichneter Jäger.

Auf dem Fest der Korjaken in Esso. Die Gebräuche der Ureinwohner ähneln in vielerlei Hinsicht denen der amerikanischen Indianer.

DAS AKKORDEONSTÄNDCHEN

Was für ein herrlich lauer Sommerabend! Aus der Küche zieht der Duft von gebratenem Fisch auf die Veranda. Oleg kommt mit einem Topf Kartoffeln, sein Bruder mit der Lachspfanne. Sie decken den Tisch, füllen die Teller. Wolodja ergreift eine bauchige Kanne, gießt schwarzen Tee in die Tassen und sagt, er trinke nichts anderes.

»Guten Appetit!« eröffnet er das Festmahl.

»Schmeckt ausgezeichnet«, lobt Markus nach den ersten Bissen.

»Natürlich!« betont der Fischer, sich seiner Kochkünste offenbar bewußt.

Die Teller sind leer, wir tragen das Geschirr in die Küche, waschen und trocknen es ab, räumen es sorgsam in die Regale. Währenddessen plaudern wir über die vergangene Fußball-WM. Die Männer schwärmen von Oliver Kahn.

»Ihr hättet gewinnen sollen«, maßregelt der Kaviarschmuggler und läßt Messer und Gabeln in den Besteckkasten gleiten.

Wolodja sitzt auf den Terrassenstufen und spielt ein Ständchen auf seinem Akkordeon. Der kräftige Oleg schaut verträumt und wippt mit dem Fuß im Takt der Melodie. Sie ist melancholisch und nährt meine Sehnsucht nach Sylvia. Dennoch fühle ich mich hier sehr wohl. Seltsam, wie schnell, wie leicht wir in diesem Land Kontakte knüpfen. Menschen sprechen uns an, sie werden uns, wir werden ihnen vertraut. Sie reden von Sorgen, lachen mit uns, geben uns Essen, einen Platz zum Schlafen. Wir bieten nicht viel, sind einfach nur da. Wissen sie, daß sie mir ein Stück Heimat geben? Das ist viel. Viel mehr als alles andere.

DAS MÄDCHEN AUS DÖBELN

Die Sonne, so wirkt es, versinkt in brennenden Wolken. Oleg verabschiedet sich, fährt nach Hause. Auch sein Bruder will heim. Wir nehmen Gina mit, begleiten ihn durch staubige Häuserzeilen, überqueren die Hauptstraße und einen verlassenen Basar. »Dort wohne ich.« Wolodja zeigt auf den Plattenbau mit dem Gagarinbild an der Wand. Der Mann erzählt von seinem zehnjährigen Sohn und wie stolz er sei, daß der Knabe einen Pokal im Ringen gewonnen hat. Er lobt seine Töchter, die in der Stadt studieren und gute Zensuren bekommen.

»Was wäre ich ohne meine Kinder«, sagt er, wünscht uns eine ruhige Nacht und geht auf einem ausgetretenen Pfad zum Haus.

Auf dem Rückweg entdecke ich eine kleine Diskothek. Markus ist müde und geht zur Datsche. Ich lasse Gina draußen »Platz« machen, betrete die Tanzbar und setze mich an einen freien Tisch.

Ein Mädchen fragt mich, ob ich aus Deutschland komme. Sie spricht meine Sprache mit russischem Akzent. Als ich nicke, gesellt sie sich mit ihrer Begleiterin zu mir. Beide haben braunes, schulterlanges Haar, Sommersprossen und Augen, die Wärme ausstrahlen. Die, die mich ansprach, heißt Olga, ist fünfzehn und wohnt seit sechs Jahren im sächsischen Döbeln. Geboren aber sei sie auf Kamtschatka. Das andere Mädchen ist ihre Schwester. Ihr Name ist Elena. Sie ist zehn Jahre älter, lebt hier und kann sich nicht vorstellen, die Heimat zu verlassen.

»Wie geht's dir in Deutschland?« frage ich Olga.

»Na ja. Die aus der Klasse sind total doof. Papa ist Kraftfahrer und Mama putzt in einem Museum. Immer kommen sie müde nach Hause.« Sie sagt, wenn sie groß ist, will sie wieder nach Milkowo ziehen.

»Meine Eltern werde ich auch noch überreden.« Sie scheint sehr zuversichtlich.

AM SEE

Am folgenden Tag erledigen wir das, was wir unterwegs nicht oder nur unwillig tun: Wir leeren die Rucksäcke und säubern sie; wir waschen unsere Kleidung und hängen sie in der Sonne zum Trocknen aus; wir kratzen den Ruß aus unserem Kochgeschirr und schrubben unser Besteck ab, wir vervollständigen die Tagebücher und schreiben einen Bericht für die heimische OSTSEE-ZEITUNG, den Markus einer Redakteurin per Telefon durchgibt. Abends sitzen wir allein auf der Terrasse, legen wie Cowboys die Beine auf das Geländer, genießen jeder ein kühles Bier und ruhen uns vom Tagwerk aus.

Morgens begegne ich beim Gassi gehen Olga. Sie lädt mich für später zum Mittagessen ein. Erfreut sage ich zu.

Markus bleibt in der Datsche. Ich glaube, er ist froh, mich eine Zeitlang nicht zu sehen. Freundschaft braucht auch Abstand, und der fehlt uns oft auf Reisen.

Ich betrete ein gepflegtes Holzhaus, das Elena und ihrem Mann gehört. Ihre Mutter – eine dicke Frau mit Truthahnkinn – meint erstaunt, sie kenne mich von einem Dia-Vortrag im Döbelner Volkshaus. Verblüfft sage ich, daß auch ich mich an sie zu erinnern glaube und verschweige, es mir vielleicht nur einzubilden. Sie lacht auf, wundert sich, wie klein die Welt ist.

Wir sitzen am Eßtisch, ein großes, massives Ding. Auch der Ikea-Schrank mit den vielen Büchern, der weiße, flauschige Teppich und die breiten Sessel mit dem grünen Samtbezug passen nicht zu Rußland, jedenfalls nicht zu Kamtschatka, das so weit weg von der übrigen Welt erscheint. Ich wundere mich, wie klein die Welt ist.

Die Mutter erzählt, daß sie jedes Jahr mit Mann und Tochter nach Milkowo reist.

»Sonst würden wir uns nie sehen«, klagt die Frau ihrer Schwester, die neben mir sitzt. »Kannst ruhig auch mal kommen.« Die ebenfalls mollige Frau kontert, daß sie in Deutschland Heimweh hätte.

Elena wirft mit ausladender Bewegung ein weißes Tuch über den Tisch, wobei ihr kurzer Rock für einen Moment noch kürzer wird. Dann plaziert sie Besteck, Teller und Gläser. Im Hinterzimmer weint ihr Baby. Geschwind läuft sie hin, kehrt mit dem Knaben auf dem Arm zurück, läßt ihn belustigt an ihrem T-Shirt ziehen und setzt sich. Nun kommt auch Olga. Sie hat sich geschminkt. Ihr schmaler Körper schiebt sich auf den Stuhl. Manchmal treffe ich ihren jugendlich herausfordernden Blick. Dann spielt sie mit ihrem Haarreif. Die Teller mit dem gegrillten Lachs in Senfsoße leeren sich. Es folgt ein Eierschaum-Dessert, dessen köstlicher Geschmack mich unterwegs gewiß verfolgen wird.

Die jungen Schwestern wollen zum See und fragen, ob ich mit will. Wir gehen eine halbe Stunde, setzen uns an das bewaldete Ufer, trinken Apfelsaft und genießen die Julisonne.

Olga streichelt Gina. Die Hündin wedelt mit dem Schwanz, blinzelt das Mädchen an. Mit Condor könnte man das nicht machen. Bei der Datsche zu bleiben, schien ihm gar nicht zu passen.

Badegäste kommen. Ein Pärchen knattert auf einem Moped heran, zwei Jungs auf Fahrrädern folgen. Sie lassen sich unweit von uns nieder und bedienen einen Kassettenrekorder. Russische Popmusik schnarrt über die Wiese.

Elena schildert, wie sie hier im letzten Jahr vor einem Bären weggerannt sei. In der Panik habe sie vergessen, daß man das nicht machen dürfe. Sie will gerade ihre Angst beschreiben, als am gegenüberliegenden Ufer eine Lichthupe blinkt. Elena stockt, schaut hinüber. »Das ist Oleg«, sagt sie. Jetzt erkenne ich ihn auch. Ich richte mich auf und winke.

»Kennst du ihn gut?« frage ich und lege mich wieder hin. Sie kneift wegen der Sonne ein Auge zu und überlegt kurz.

»Nein, eher nicht.« Plötzlich unterhalten sich die Mädchen mit schnellen Worten. Dann schweigen sie, bis ich etwas Ungeheuerliches erfahre.

»Die Leute reden über ihn«, sagt Elena. »Er soll jemanden getötet haben.«

»Eine Frau«, ergänzt Olga. »Er hat sie vergewaltigt und erwürgt.«

Eine Schnecke scheint meinen Rücken hinaufzukriechen, ich erschaudere, sehe den Glatzkopf vor mir, seine eiskalten Augen, seine Narben im Gesicht, wie er hämisch lacht. Und wenn's nicht stimmt, was sie erzählen? Doch glaube ich wirklich, es wäre nicht so?

»Er ist frei! Wieso?« Meine Stimme ist hell und laut.

»Keine Ahnung«, erwidert Olga. »Man kann nichts beweisen.« Langes Schweigen. Auf einmal springen die Mädchen auf, sprinten ins klare Wasser, kreischen. Ich laufe hinterher.

Am Abend verabschieden wir uns. Auf dem Weg zur Datsche sehe ich Oleg. Er steht neben einem jungen Mädchen und unterhält sich mit einem dickbäuchigen Mann. Der Kahlköpfige erblickt mich, winkt mich heran. »Das ist unser Bürgermeister«, sagt er und klopft seinem Gesprächspartner freundschaftlich gegen die Brust. »Und das ist Galina, meine Tochter.« Oleg legt den Arm um das Mädchen. Als ich vom Tag am Wasser berichte, fängt sie an zu grinsen. Belustigt sie mein Dialekt? Der Bürgermeister – kantiger Kopf, kleines Gesicht, fliehendes Kinn – hört mir derweil mit ernster Miene zu, als referiere ich über Staatsangelegenheiten. Während er den See als ein Highlight der Umgebung einstuft, geht mir nicht aus dem Kopf, was mir Olga und Elena gesagt haben. Warum kennt Oleg den Bürgermeister so gut? Ich täusche vor, in Eile zu sein und breche auf. Als ich aus ihrem Blickfeld verschwunden bin, werde ich langsamer. Ich gehe noch nicht zur Datsche, biege in diesen und jenen Weg ein, versuche, meine Gedanken zu ordnen.

BLUMENGIESSEN

Scharfes Bellen, ich falle aus einem Traum, fahre vom Sofa, laufe zur Tür. Draußen steht Wolodja mit einem vielleicht achtjährigen Burschen.

»Rudolph«, grüßt mich der Fischer, während ich Condor beruhige. »Das ist mein Sohn Andrej.« Er rubbelt dem Buben über das strohblonde Haar. Dann holt er eine Gießkanne aus dem Schuppen, füllt sie auf und übergibt sie dem Jungen, der damit eifrig die Beete näßt.

»Wenn es nur regnen würde«, sagt Wolodja und sieht zum wolkenlosen Himmel.

Die beiden sind fort, ich lege mich wieder hin. Kaum schlafe ich ein, schlägt Condor erneut an. Diesmal wegen Oleg. Er steht an der

Gartenpforte, unschlüssig, ob er eintreten kann oder nicht. Da kehren Ronald und Gina zurück. Die Hündin beschnüffelt Olegs Bein. Der wirkt ein wenig nervös. Ronald eilt zu dem Rüden, ruft Gina herbei. Erst jetzt durchmißt der Kaviarschmuggler den Garten. Er legt sich auf die Wiese, stützt den Kopf auf Hand und Ellenbogen und kaut auf einem Zweig.

Markus schmunzelt, weil ich Gina »Pieperling« rufe. Das mache ich, weil sie selbst bei kleinsten Anlässen fiept; einmal sogar, als ein Plastiktütenzipfel an ihren Körper stieß. Oleg wiederholt den Spitznamen leise und vergnügt. Dann setzt er sich auf und belehrt uns – wie letztens mit den Blaubeeren – onkelhaft für den Weitermarsch. »Nehmt viel zu trinken mit!« Er meint, daß wir ein gutes Stück nördlich von hier durch ein großes Gebiet ohne Gewässer wandern müssen. Der Tip wird uns trockene Kehlen ersparen. Denke ich an die Worte der zwei Mädchen, schäme ich mich fast, ihn zu beherzigen. Oleg erhebt sich, als hörte er meine Gedanken. Er reicht uns die Hand, geht, steigt ins Auto und wirbelt beim Anfahren viel Staub auf.

ABSCHIEDSMELODIE

Der Freitag vergeht, ohne daß wir den Brüdern begegnen. Wir laden die Akkus der Videokamera und packen schon einen Teil unserer Sachen. Danach sitze ich mit Ronald auf der Terrasse. Wir schauen zum dunklen Gebirgszug am östlichen Horizont, lauschen dem Wind in den Apfelbäumen und nehmen Abschied von Milkowo.

Heute, am 27. Juli, nach fünf Ruhetagen, werden wir aufbrechen. Seit dem frühen Morgen liege ich wach und verfolge die feinen Risse in der Zimmerdecke. Was ist das für eine Reise, die mir wie ein Umweg erscheint, mich rastlos macht, mich wenig erfreut? Was ist der Grund, daß ich hier bin? Ob ich ihn finde? Muß ich mich gedulden? Entstehen Wege nicht erst beim Gehen? Die Brüder sind gekommen, um Lebewohl zu sagen. Wir beladen die Karren und geben den Hunden zu trinken. Wolodja gießt seine Pflanzen. Auch heute ist die Sonne unerbittlich. Oleg liegt wieder im Gras, zählt uns auf, welche Dörfer wir passieren werden und wo wir Nahrung besorgen können. Seit ich von seiner vermeintlichen Tat weiß, könnte ich ihn leicht als Monster sehen. Seine Gastfreundschaft vermenschlicht ihn. Das ist umso beängstigender.

Wir sind reisefertig. »Wartet!« ruft Wolodja. »Wir dürfen die Tradition nicht vergessen.« Er läuft ins Haus, kehrt mit dem Akkordeon zurück und entlockt ihm eine sehnsuchtsvolle Melodie. Der Glatzkopf steht daneben, blickt in eine unbestimmte Ferne und läßt das Lied wehmütig in die Ohren sickern. Was uns jetzt noch gegenwärtig ist, wird gleich Erinnerung sein. Der letzte Diskant ist gedrückt, der finale Ton verklungen. Die Brüder winken uns, bis wir an der nächsten Hausecke aus ihrem Blickfeld verschwinden.

ZURÜCK ZUR NATUR

Markus kommt mit drei prallen Proviantbeuteln aus dem Geschäft. Für Hunde gab es nichts. Er hat ihnen Katzenfutter mitgebracht: fünfzehn Pfund »Whiskas«, verpackt in kleinen Tüten. Das muß reichen.

Mittags verlassen wir den Ort, gehen an ausgedörrten, gelblichen Wiesen mit Kühen, Pferden und Ziegen vorbei. Es ist windstill und drückend heiß, heißer noch als an den anderen Tagen. Ich messe 34°. Die Hundepfoten schlagen Staubwölkchen aus der Erde. Der Weg verengt sich, schürt die Gewißheit, daß sich unser Abenteuer fortsetzt.

Wir müssen erst wieder unseren Rhythmus finden. Es ist nicht leicht, freundliche Menschen gegen die Wildnis einzutauschen. In meinem Kopf herrscht Ödnis. Dahin meine Motivation. »Kamtschatka zu Fuß« – eine imposante Überschrift. Momente wie jetzt klammert sie aus, an sie werde ich später kaum denken: wie ich die Zähne zusammenbeiße, wie trist die Natur ist, die, einer grünen Wüste gleich, wieder in Wald, nichts als Wald übergeht und mich nach den geselligen Tagen in Milkowo in ein tiefes Loch reißt, aus dem ich nur langsam, Minute für Minute, Schritt für Schritt hinauswandern kann.

DER BRIEF

Der 22. Tag auf Kamtschatka beginnt. Die Hitze ist weg, der Himmel grau, der Wind treibt Regenschleier vor sich her. Eine ungeahnte Verlassenheit greift aus den dunklen Wäldern nach uns. In solchen Stunden rücken wir näher zusammen.

Am Nachmittag erreichen wir die Kimitina. Sie ist, wie Oleg uns einschärfte, die letzte Wasserstelle für die nächsten einhundert Kilometer. Ich verliere wieder beim Knobeln. Markus will mir trotzdem helfen, die vielen Flaschen aufzufüllen. Das steile, wildbewachsene Ufer ist aufgeweicht, wir rutschen fast ins Flußbett. Selbst zu zweit dauert es lange, ehe die zwanzig Behälter voll sind. So lange, bis unsere Hände vor Kälte taub sind.

Wir marschieren weiter. Ein weißer Pick up stoppt. Aufgeregt springt ein Mann in Tarnjacke heraus und eilt lächelnd auf uns zu.

»Wer ist Roland?« fragt er.

»Ronald«, verbessere ich. »Das bin ich.«

»Ich habe einen Brief für dich. Von Elena und Olga, du weißt?«

So schnell wie der Mann kam, ist er wieder weg. Ich halte den kleinen, gefalteten Brief in den Händen und merke für einen Moment, daß das alles nicht so wichtig ist: der Wald, der Regen, die vielen Kilometer pro Tag, die Kamtschatkadurchquerung.

»Was ist?« fragt Markus. »Willst du ihn nicht öffnen?« Ich schlitze das Kuvert mit dem Taschenmesser auf, überfliege die Zeilen, während die Tinte langsam im Regen verschwimmt. Es sind Erinnerungen an den wunderbaren Tag am See und Wünsche, daß wir die Reise gut überstehen mögen, vielleicht auf dem Rückweg noch einmal vorbeischauen; Worte voll Wärme. Ich fröstle kaum noch.

RUSSKI EKSTREM

Wir schleppen uns durch den Abend, mit krummen Rücken, verhärmten Gesichtern und stechenden Schmerzen in Schultern und Zehen. Das Prasseln des Regens, das Schmatzen unter den Sohlen, das heisere Schaben zwischen Achsen und Reifen, seltsam dumpf durch die Kapuzen dringend, bremsen meine Phantasien aus. Sie könnten mich forttragen von hier, über Länder und Kontinente hinweg, auf die Straßen meiner Heimat, an das Ufer der Warnow, zum Wasser am Leuchtturm. Bilder, nur aufflackernd, ersterbend in verwaschenem Grün und Braun, im Hier und Jetzt. Würde die Kraft reichen, laut genug zu sprechen, könnte ich Bilder in Worte verwandeln und gemeinsam mit Ronald flüchten. Ich versuche es, er fragt:»Was sagst du?«, ich gebe es auf.

Ein zerbeulter Toyota kommt uns entgegen. Wir trauen unseren Augen nicht: Die Frontscheibe ist von einem langen Ast durchbohrt. Der Wagen hält, das Seitenfenster wird heruntergekurbelt, das blutig zerkratzte Gesicht eines jungen Mannes erscheint.

»Kann ich euch helfen? Geht es euch gut?« fragt er. Was redet er da? Ob es uns gutgeht? Er ist es doch, der Hilfe braucht. Er winkt ab. Alles sei halb so wild.

»Rußki ekstrem«, meint er lakonisch und schiebt den bis zur Handbremse ragenden Ast beiseite, um an seine Marlboros zu gelangen.

»Alles Gute«, sagt er und fährt weiter. Verwundert sehen wir dem davonrollenden Auto nach.

Stunden verfließen. Nirgends ein Schlafplatz. Links und rechts des Weges bilden die Bäume undurchdringliche Mauern, nichts tut sich auf, keine Lichtung, kein Weg.

Dann, endlich, als es schon dunkelt, entdecken wir einen Waldpfad, der Platz für ein Zelt bietet.

In den klammen Säcken finden wir keinen Schlaf. Wir hoffen, es regnet sich in der Nacht aus und morgen scheint wieder die Sonne.

Die Hoffnung war vergebens. Ein Blick aus dem Zelt in die naßkalte Frühe weckt den Wunsch, es wieder von innen zu schließen. Doch der graue, trostlose Tag würde auch auf den Isoliermatten, unter den halbdunklen Zeltbahnen grau und trostlos bleiben. So kriechen wir ins Freie, packen unsere Sachen, stecken uns etwas Brot in den Mund und wandern fröstelnd, mit tief in die Gesichter gezogenen Kapuzen weiter. Uns ist, als hätte der Herbst schon Ende Juli begonnen.

Erst tags darauf stellt der Himmel das Wasser ab. In mir erwacht neuer Mut, nun ist es wieder leichter, vorwärts und zurück zu blicken. Markus aktiviert eine Koordinatenmessung mit seiner GPS-Uhr, rechnet anhand der Daten die Kilometer seit dem letzten Wert aus, addiert Zahlen aus seinem Tagebuch dazu und stellt fest: Wir haben seit Petropawlowsk fast fünfhundert Kilometer zurückgelegt. Eine Distanz von Rostock bis nach Dresden. Noch einmal so weit, und wir sind – sogar früher als geglaubt – am Ziel. Die Reise ist überschaubar geworden. Markus stellt das nicht zufrieden. Es kann ihm nicht schnell genug gehen. Mürrisch begann er den Tag: Ich lag noch im Zelt. Er zog mir den Schlafsack weg, stopfte ihn, mir nichts, dir nichts, in die Tasche, räumte auch sein Zeug ein und flitzte damit ins Freie. Als ich von drinnen protestierte, löste er bereits die Zeltgestänge, und der Polyester schlug mir ins Gesicht.

»Tempo!« kommandierte Markus, als gäbe es Alarm. »Daß wir heute mal was schaffen!« Auf der Straße wetterte er weiter. Stoppte ich, um mir eine Mücke vom Gesicht zu schlagen, stöhnte er auf. Ebenso beim Fotografieren und Filmen.

»Später«, vertröstete er. »Sehen wir alles noch mehrmals. Komm nur, komm.« Was ist bloß los mit ihm? Er scheint mir fremd und nicht mehr mit dem Herzen dabei zu sein. So wie früher, als wir auf der Lena paddelten und mit Fahrrädern die Welt umrundeten, ist es nicht mehr. Das waren Zeiten, da waren wir ein Team, das sich gegenseitig ermutigte, als uns der Durst in der Gobi quälte; das sich zusammen an den mächtigen Schluchten der Rocky Mountains erfreute; das an den langen, zehrenden Gebirgsanstiegen unbändige Kraft verspürte, die aus dem Wissen erwuchs, daß der eine wie der andere der gleichen inneren Stimme folgte. Damals waren wir wie Brüder. Wir waren unseren Träumen gefolgt, die kreuz und quer über den Planeten jagten und mußten uns nichts sagen, um zu wissen, daß wir sie zu verwirklichen bereit waren. Vielleicht enden diese Träume jetzt, die vereinten Wege auf den Spuren neuer Abenteuer. Vielleicht ist es Zeit, daß jeder seine eigenen Wege finden muß.

Markus entschuldigt sich. Ich klopfe ihm auf die Schulter, sage:

»Kopf hoch, Alter« und fühle in einem Anflug von Wehmut, daß es nie mehr so sein wird wie es einst war.

In der nächsten Pause verschlingen wir unsere letzte Speckration. Vogelgezwitscher lebt auf, wie um anzukündigen, daß die Wolken aufreißen, die Sonne hindurchbricht und ihre Strahlen die Luft anwärmen. Gina und Condor nehmen mit den Mäulern ihre Speckstücke auf, legen sich in die Schatten der Karren und fressen dort weiter.

Die Stunden verstreichen, mal zäher, mal zügiger. Wenn in der Ferne, so wie jetzt, Motorlärm anschwillt, hoffen wir wieder auf eine kurze Unterhaltung mit den Fahrzeuginsassen. Es sind vertraute Momente geworden, mit wechselnden Personen. Diesmal zischt die Bremshydraulik eines KAMAS. Auch dieser Fahrer, ein schnurrbärtiger Mann mit frischem, braunem Teint, wärmt das Gespräch mit Fragen über unser Woher und Wohin auf. Er greift neben sich und verteilt Äpfel, Karamelbonbons, Brot und Limonade. Dankbar lächeln wir zu dem Mann hinauf, der geahnt zu haben scheint, daß wir Proviant brauchen. Die wenigen Dörfer liegen seit Milkowo weitab von der Straße, zu weit, um sie zu Fuß anzusteuern. Der Mann weiß zu berichten, daß erst in knapp zweihundert Kilometern eine Siedlung auf unserem Weg liegen wird.

Wir finden einen Lagerplatz, ich entzünde das Feuer, opfere den Flammen eine junge Birke. Ich brauchte sie nicht abzuholzen, konnte sie fast wie ein Streichholz vom dunklen Stammende brechen. Offenbar ist das Gebiet hier sehr sumpfig.

HEIMWEH NACH WEISSRUSSLAND

Wenn ich vorausgehe, scheint es, Ronald und die Hunde wären nicht da, ich wäre allein. Sonnenstrahlen fallen durch die Lärchen, Staub verwirbelt im leichten Wind, tanzt in der Luft. Als wandere ich durch die Wälder vor Rostock. Bald werde ich sie wiedersehen. Was wird von der Reise bleiben? Für einen Moment spüre ich, wie es sein wird, wenn ich mit Katrin durchs Herbstlaub spaziere: Dann werde ich mich an das Erlebte erinnern, verschwommen wird es vor meinen Augen erscheinen, wie ein Polarlicht, dessen Schönheit man erst begreift, wenn es erloschen ist. Da wird etwas sein, daß ich nur empfinden kann, weil ich aufbrach, etwas, daß ich immer fühlte, wenn ich heimkehrte: Demut ... Die Gedanken versiegen, als meine Karre über einen Gesteinsbrokken holpert, umkippt und das Gepäck von sich wirft.

Die Luft ist trocken, sämtliche Pfützen sind verdunstet. Gina und Condor finden nichts zu trinken. Wir teilen unser Wasser mit ihnen. Es reduziert sich bedenklich.

Die meisten japanischen Importautos sind weißlackiert. Wieder dringt solch ein Wagen – diesmal ist es ein Mazda – in unsere Sphäre. Zwei Männer entsteigen ihm, grüßen, zeigen auf die am Straßenrand liegenden Hunde und nicken anerkennend. Der spindeldünne Fahrer ist um die Vierzig, hat einen zerbeulten Jägerhut auf und heißt Fedja. Sein dicklicher Begleiter – ebenso alt und ein Abbild von Mike Krüger – trägt Hausschuhe und stellt sich als Sergej vor. Unsere Gesprächspartner wollen nach Kljutschi und beklagen ihre Zeitnot. Sie könnten die letzte Fähre über die Kamtschatka verpassen. Während ihrer Worte lehnen sie gemütlich am Auto, als beträfe sie das Gesagte nicht. Wie nebenbei erwähnt Sergej, daß er und sein Kollege für den Geheimdienst arbeiten.

»Laßt uns anstoßen«, schlägt er vor, öffnet die Fahrertür und schiebt sich in das Innere des Wagens. Er holt eine angebrochene Wodkaflasche und Plastikbecher und gießt sie zu einem Viertel voll. Der hochprozentige Schluck flackert als Hitzeschauer durch meinen Körper.

»Wir sind jetzt ...«, sinniert der Beifahrer. »Wie lange sind wir bei der Armee, Fedja?«

»Sechzehn Jahre. Sechs in Dresden, zehn in Kljutschi. Du wirst immer vergeßlicher.«

»Lange Zeit, was?« Sergej erzählt, wo er aufwuchs, von Sudniki, einem Dorf, unweit von Minsk. Seine Familie lebt dort noch heute. Als Weißrußland sowjetisch war, trat er in die Rote Armee ein und machte eine kleine Karriere beim KGB. Die Jahre vergingen, die Union zerfiel, der KGB wurde zum FSB und Sergejs Heimat unabhängig. Seitdem darf er nicht mehr dorthin, darf er Rußland nicht verlassen. Wie Alik, der Radiomoderator aus Petropawlowsk.

»Er hier«, Sergej weist auf Fedja, »kann im Urlaub nach Hause.«

»Und wo ist das?« erkundigt sich Ronald.

»In Ramenskoje bei Moskau.«

»Ich höre bald auf bei der Armee«, sagt Sergej, als hätte er es eben beschlossen.

»Dann noch vier Jahre und du kannst zu deiner Mutter«, ergänzt sein Partner, etwas ironisch.

»Ich weiß, ich weiß. Aber die Zeit läuft.«

»Wie alt ist deine Mutter?« frage ich.

»Achtundfünfzig.«

»Na, dann.«

»In Weißrußland ist das alt.« Eine peinliche Pause tritt ein. Ich wechsle das Thema, frage nach den Aufgaben beim Abschirmdienst.

»Da machen wir dies und das«, weicht Fedja aus.

»Es kann sehr spannend sein«, verrät sein Kollege. »Wir haben eine neue Rakete. Sie fliegt zehntausend Kilometer in fünfundzwanzig Minuten. Die vernichtet…« Fedja unterbricht ihn.

»Jetzt müssen wir aber.« Unerwartet umarmen sie uns, wir tänzeln im Ungleichgewicht. Dann fahren sie eilig davon.

DIE STRÖMUNG

Der letzte Tag im Juli – mein Geburtstag. Ronald schlummert noch. Ich sitze vor dem Zelt, versuche dem Tag etwas abzugewinnen. Die kühle Luft riecht erdig, es regnet. Ein Rascheln, Ronald erscheint, geht herum, pflückt einen Strauß Weidenröschen und reicht ihn mir.

Ich gratuliere Markus. Dann schweigen wir und schauen auf das nasse, verkokelte Holz des Lagerfeuers.

Der Regen füllt Straßenkuhlen. Gina und Condor saufen daraus, haben zu trinken. Wir nicht mehr. Die Trinkflaschen sind leer und die Gaumen trocken. Wir sammeln Kieselsteine auf, putzen sie ab, lutschen sie wie Bonbons, spüren etwas Speichel in den Mündern. Wir essen nichts, das würde uns nur durstiger machen. Neidisch beobachten wir die aus einer Lache schlabbernden Hunde.

›Wieso nicht auch wir?‹ denke ich, krame einen dünnen Plastikschlauch aus der Tasche, tauche ihn in das bräunliche Wasser und sauge es an. Markus schaut skeptisch, wie ich danieder knie und aus der Pfütze trinke. Dann hockt er sich neben mich und bittet um den Schlauch.

Vier Stunden später stehen wir auf der Brücke über die Karakowaja. Wolken spiegeln sich im Fluß. Seichter Wind kräuselt das Wasser. Meine Zunge fährt über gesprungene Lippen. Fröhlich folgen wir einem ausgetretenen Pfad, der uns zu einem strohüberdachten Rastplatz mit Tisch und Baumstümpfen führt. Wir verschnaufen, schauen zum Strom. Nicht nur trinken, auch ein Bad täte gut.

»Schon wieder waschen?« fragt Markus erstaunt.

»Es ist fünf Tage her!«

»Wirklich? Na, dann.«

Wir seifen uns am rutschigen Ufer ein, ich springe in das eiskalte Wasser. Die Strömung packt mich. Vergeblich schwimme ich gegen sie an, werde fortgetragen. Ich schneide sie, gelange überraschend ans Ufer, gut zwanzig Schritte von Markus entfernt. Ich hocke im Gras, spüre den Schreck aus den Gliedern fließen.

Unter dem Strohdach breiten wir unsere letzte Nahrung aus: zwei Konserven, etwas Schokolade, eine kleine Tüte Nudeln. Ich steche eine Büchse auf, Fleischduft entweicht. Gina und Condor stehen erwartungsvoll neben mir, wedeln mit den Schwänzen. Unser Proviant reicht nicht für uns alle. Schweren Herzens lasse ich die Hunde heute fasten.

»Bald gibt es Leckerlis«, tröste ich sie, streichle ihr Fell und hoffe, daß wir morgen Kosyrewsk erreichen. Ich teile mit Markus das Fleisch und die Schokolade, von der ich ihm zwei Stücke mehr überlasse.

DER MOTOR

Seit Stunden pfeift Ronald eine Fernwehmelodie, die zu den weiten, hügeligen Wiesen links und rechts des Weges paßt. Dann schluckt uns wieder der Wald. Die Bäume stehen wie im Spalier, ihre Äste scheinen nach uns greifen zu wollen. Keine Siedlung, kein Auto, kein Mensch. Ein einsamer Geburtstag. Wir errichten das Lager vor einer Brücke über die Bystraja. Ronald sammelt Holz für das Feuer. Schon seit dem Morgen freue ich mich auf die züngelnden Flammen, ihr beruhigendes Flackern, die trockene Hitze, den Duft von verbranntem Holz. Es bleibt ein Wunsch, denn es beginnt zu regnen. Wir flüchten ins Zelt. Drinnen müht sich Ronald, seinen Eingang zuzuziehen. Der Reißverschluß ist widerspenstig, der Schieber springt aus den Krampen, läßt sich nicht mehr befestigen. Das Zelt steht halboffen, der Nordwind treibt Niederschlag herein. Wir versuchen, den Eingang mit Sicherheitsnadeln zu schließen.

Motorlärm wächst an. Wir lugen durch einen Spalt zwischen zwei Nadeln. Ein alter URAL rollt über die Brücke und parkt uns gegenüber. Schatten hinter beschlagenen Fenstern, ein Motor rattert, niemand steigt aus. Zu wissen, daß da draußen irgendjemand ist, an diesem Tag, an dem wir keiner Menschenseele begegneten, erfüllt uns mit Wärme, und wir gleiten zufrieden in die feuchtwarmen Schlafsäcke.

Nachts erwache ich. Markus schläft, gibt keinen Laut von sich. Draußen ist der Motor verstummt. Ich höre nichts als den Regen, der monoton auf das Zeltdach fällt.

›Sind meine Hunde noch da?‹ durchzuckt es mich. Ich nehme die Taschenlampe, löse zwei Nadeln und leuchte ins Freie. Die Tiere liegen in der Strandmuschel, blinzeln mich verschlafen an. Bei solchem Wetter verhalten sie sich ruhig. Der Niederschlag dämpft sämtliche Geräusche, zwingt das Wild in seinen Unterschlupf und bietet uns dadurch Schutz.

DER BAGGER

Ein neuer Monat beginnt. Der Tag ähnelt dem gestrigen, ist trübe und naß. Die Aussichten aber sind gut: Wir wollen heute Kosyrewsk erreichen – unser nächstes Etappenziel.

Wir frühstücken, das heißt, wir kriechen ins Gestrüpp und zupfen uns Blaubeeren von einem Strauch. Unsere Nudeltüte wollen wir für den Rest des Tages aufsparen.

Von der Straße erstrecken sich große Sumpfwiesen, vereinzelt ragen abgestorbene Birken aus dem Gras. Östlich von uns liegt ein kleiner See. Eine Drossel singt.

Vor uns, dort, wo der Weg eine Biegung beschreibt, erscheint ein dunkler Punkt. Er wird rasch größer, nähert sich. Nichts wie runter von der Straße und die Hunde an den Halsbändern gepackt! Mit fünfzig, sechzig Sachen jagt ein Panzer vorbei. Unsere Knie flattern. Als der Lärm abschwillt, gehen wir weiter.

Sorgenvoll beobachte ich Condor, der am Wegrand seine Notdurft verrichtet. Seit zwei Tagen plagt ihn Durchfall. Ob der Rüde das Katzenfutter nicht vertrug? Gina scheint es gut bekommen zu sein. Die Mischlingshündin verdaut vieles besser als ihr reinrassiger Gefährte.

Sonnenstrahlen blinken durch löchrige Wolken. Wir biegen in die Kurve, in der der Panzer auftauchte und stehen an einem Fähranleger der Kamtschatka. Hier ist der Strom knapp einen Kilometer breit. Das Schiff liegt am anderen Ufer. Mit uns warten drei Lastwagen auf die Überfahrt. In zwei Stunden soll es soweit sein.

Unmittelbar am Fluß schaufelt ein Bagger Kies von einem Kipper. Eine Raupe verteilt den Belag auf dem Boden. Plötzlich – lautes Gebrüll. Der Bagger droht ins Wasser zu gleiten. Die Aufschüttung war offenbar noch nicht fest genug. Der Motor des Fahrzeugs heult auf, die Ketten finden im losen Gestein keinen Halt. Zwei Leute springen aus den LKWs, laufen zu der Unglücksstelle, gestikulieren mit dem Mann aus der Raupe, rufen etwas zum Baggerfahrer, der trotz der heiklen Situation lächelt. Wie aus dem Nichts tuckert ein Traktor heran, bringt sich in Position. Man befestigt ein dickes Seil an ihm und dem Bagger. Kraftvoll ruckt die Landmaschine an, ihr Motor knattert, erzeugt dichte Abgase. Die Männer merken: So wird das nichts.

Sie lösen das Tau vom Traktor und knoten es an die kleine Raupe. Ihr Fahrer steigt ein und reißt – fast trotzig, so wirkt es – an den Hebeln. Doch der Bagger scheint verloren, sinkt weiter ab. Unerwartet dreht sich sein Führerhaus, die große Schaufel taucht ins Wasser, immer tiefer, bis zum Grund. Mir stockt der Atem. Ein Gefühl aber sagt mir, das wird schon. Dieses Land lehrte uns: Russen lösen Probleme auf ihre Art. Der Bagger streckt den Schaufelarm, stemmt sich vom Flußgrund, die Ketten greifen in den Boden, das Fahrzeug gelangt auf sicheres Terrain. Auf einmal steht der Mann aus dem Führerhaus vor uns. Ein vollbärtiger Mittvierziger, den Gesichtszügen nach aus Südrußland stammend. Er trägt Trainingshose und Sommerjacke. Ganz lässig, als wäre nichts passiert, fragt er, ob wir uns als Ausländer auf Kamtschatka wohlfühlen.

»Sehr«, sage ich, meinen Hunger vergessend. Er nickt zu den Hunden und hält einen Daumen hoch. Ob er sie mal streicheln könne, fragt er. Ich zeige auf Gina. Er fährt seine große Hand über ihr Fell und lacht kollernd. Dann lädt er mich ein, seine Maschine zu steuern. Ich bin begeistert und folge dem Mann in die Kabine. Auf den Armaturen liegt eine halbgeleerte Bierflasche. Er bietet sie mir an, ich lehne freundlich ab. Ich darf den Hebel für den mächtigen Greifarm bedienen, schwenke ihn nach links, nach rechts und fühle mich wie ein Teenager, der zum ersten Mal Vaters Auto steuert.

Die Fähre ist ein altes, rostiges Ding und ähnelt einem Brückenponton. Ein kleiner, seitlich befestigter Schlepper treibt sie an. Die drei LKWs müssen sie rückwärts befahren und sich zentimetergenau einordnen. Wir bezahlen dem Kassierer mit dem unrasierten Gesicht je fünfzehn Rubel. Dann lehnen wir uns an die Reling, beobachten die schäumenden Wellen an der Bordwand und genießen, daß wir reisen und unsere Füße schonen. Der Himmel ist nun fast wolkenlos, es ist wieder heiß. Die Hunde dösen unter einem Lastwagen.

AUF NACH KOSYREWSK

Am anderen Ufer entfache ich ein Feuer. Markus kocht die Nudeln. Wir verschlingen sie und streben mit neuer Kraft das dreißig Kilometer entfernte Kosyrewsk an. Auf dem Weg liegen Gesteinsbrocken, groß wie Straußeneier. Wir stolpern und beneiden die Insassen der vorbeifahrenden LKWs um ihre bequeme Fortbewegung. Mich tröstet, daß wir mit unseren aufgescheuerten Fersen, den sich wie ungeölt anfühlenden Gelenken, den überspannten Sehnen und dem gehetzten Atem diesen Weg – den ganzen, vom Start bis zum Ziel – wohl nie vergessen werden. An nichts erinnere ich mich lebhafter als an unsere Reisen, durch Sibirien, die Gobi, die kanadische Prärie, das Hochland des Kunlun Shan. Staunen, Genüsse, Begegnungen gingen einher mit Schmerzen, Sorgen, Entbehrungen, und ich spürte erst dadurch, wieviel Gewinn auch im Verzicht steckt.

Abends liegt die Geröllpiste hinter uns und ein fester Sandweg beginnt. Der Wald weicht schwarzgrauer Erde mit wenigen Bäumen. Bei manchen ist die Rinde abgesplittert. Wir erkennen Spuren von Kettenfahrzeugen. Ein militärisches Übungsgelände? Pause. Wir streicheln unsere hungrigen Bäuche und beobachten Gina und Condor. Argwöhnisch beschnüffeln sie den Ascheboden mit den kleinblättrigen Pflänzchen. Ich werde neugierig, gehe zu den Hunden, hocke mich hin, nehme ein wenig Erde in die Hand. Die verbrannten Gesteinsbrocken sind haselnußgroß. Einige schimmern bläulich, andere rötlich. Während ich sie betrachte, überfallen mich Mücken. Auch Markus, der eben noch erschöpft auf seiner Schubkarre saß, schlägt eifrig um sich. Immer mehr Blutsauger fliegen herbei. Die staubtrockene Gegend scheint sie nicht zu stören – sie haben ja uns und die Hunde. Aufgeregt eile ich zu Markus, der in schnellen Bewegungen »Komareks«, den Mückenkiller, auf seiner Haut verschmiert. Jetzt ich. Was wollen die Viecher noch hier? Sie sirren in die Augen, die Nasen, die Ohren. Wir wissen nicht, wohin wir zuerst schlagen sollen. Wir schnappen uns die Karren, laufen los, schnaufen wie Dampfloks, die Hunde gleichauf. Wir trotten erschöpft, atmen kurz durch, laufen wieder, immer weiter; zerstochen, zermürbt, gedankenlos, wie in Trance. Blick zur Seite: verkohlte Bäume, wie schwarze Zeigefinger, Blick nach vorn: ein langes, hellbraunes Straßenband. Sirren, Stechen, kurzes Anhalten, kratzen – und vorwärts.

Kurz vor elf Uhr sehen wir den Wegweiser nach Kosyrewsk. Noch zwei, drei Kilometer, dann sind wir da. Wir durchschreiten einen hochgewachsenen Mischwald und erspähen in der Dämmerung Dächer. Ich lächle, unsere Schritte werden noch schneller. Seit sechs Tagen die ersten Häuser. Bevor wir das erste passieren, sind wir auf einmal die Mücken los. Als umspanne den Ort ein unsichtbares Moskitonetz.

Hinter den Zäunen schlagen Hunde an. Hier und da sind Fenster erleuchtet. In der Ferne knattert ein Motor. Das Geräusch versinkt im auflebenden Rauschen der Baumwipfel. Eine Tür quietscht, es riecht nach Kuhdung. An einer Gartenpforte steht ein Mütterchen. Wir fragen nach einem Laden. Sie antwortet mit leiser Stimme und weist uns die Richtung.

Das Geschäft namens »Sputnik« ist noch geöffnet. Wir leinen die Hunde an die Karren und treten ein. Erst jetzt merken wir, wie schwach wir sind. Wie betrunken lehnen wir an einer Wand, die Köpfe glühen. Die Verkäuferin und ein paar Dörfler schauen uns verwundert an. Heute sind wir an unsere Grenzen gegangen, haben 47 Kilometer bewältigt. Tagesrekord.

EINLADUNG UM MITTERNACHT

Wir erkennen uns im Spiegel an der Wand kaum wieder, sehen aus wie Waldschrats: dunkle Augenringe, schmutzverstopfte Poren, Zauselbärte, strubbeliges Haar. Die blonde Verkäuferin reicht Markus den gefüllten Einkaufsbeutel. Wir schlurfen zu Gina und Condor und füttern sie. Gierig verschlingen sie die Bockwürste und lauern aus den Augenwinkeln auf Nachschub.

Wieder im Laden, bestellen wir uns Brot, Speck und frischgezapftes Bier. Eine Frau kommt herein. Sie hat asiatische Gesichtszüge, und ihren runden Körper umspannt ein blaues Frotteekleid. Sie nähert sich dem Tresen, schwingt ihre Handtasche und begrüßt die Verkäuferin mit schriller Stimme. Dann dreht sie sich zu uns und erfragt unseren Weg.

»Zu Fuß?« krakeelt sie. »Kommt mit! Ich mache Abendbrot.« Die forsche Dame legt eine große Zahnlücke frei und zieht uns an den Armen. Wir machen die Vierbeiner los, schieben die Karren an und folgen der Frau.

»Wir hatten auch einen großen Hund«, erzählt sie. Er soll sage und schreibe 240 Pfund gewogen haben. Wir betreten einen Hausflur mit rötlichen Wänden und streifen unsere Schuhe ab. Die Gastgeberin sagt, sie heiße Nina.

»Ich bin siebenunddreißig«, betont sie selbstbewußt, richtet ihr kurzes Haar, führt uns in die Küche und stellt uns den Ehemann und die Kinder vor. Kolja, der Gatte, ist ein schmächtiger Kerl mit sehnigem Hals, zerfurchtem Europäergesicht und festem Händedruck. Sohn Igor, strohblond und stupsnasig, macht sich über unsere fleckigen Gesichter lustig. Die Tochter heißt Tanja, hat pechschwarzes Haar und große Knopfaugen. Sie maßregelt ihren Bruder, er solle schweigen. Dann fragt sie uns über Berlin aus. Vor den Ferien habe man die Stadt im Unterricht behandelt. Tanja will wissen, ob es dort so breite Straßen wie in Petropawlowsk gäbe, wie der Blick vom Turm mit der lustigen Kugel sei und was die Loveparade bedeute.

Indes deckt die Mutter den Tisch und scheint dabei den Kühlschrank zu leeren. Als wären Brot, Salami, Eier, Forelle, Apfelsaft und Wodka nicht genug, setzt sie noch eine Nudelsuppe auf. Vom Herd aus erzählt sie uns, daß sie in Nordkorea aufwuchs und vor dreißig Jahren mit den Eltern nach Kamtschatka kam.

Als sie Knoblauchzehen zerkleinert und für einen Moment schweigt, meldet sich ihr Mann zu Wort. Der knapp Fünfzigjährige kauert wie ein Männlein auf einem Stuhl neben dem Herd, bläst genußvoll Zigarettenrauch aus und spricht mit heller Trompetenstimme. Er sagt, er stamme aus Chabarowsk und sei Jäger und Fischer, wie die meisten Männer der Halbinsel. Jetzt, im Sommer, sei er jeden Tag auf dem Fluß, fange Lachse und Njerkas. Später, im Winter, gehe er jagen. Dann lebe er vier Monate in einer verlassenen Waldhütte. Ein, zwei Mal im Monat kehre er heim, um das Wild abzuliefern. Das meiste Fleisch und die Felle, besonders die der Zobel, verkaufe er. Der Rest bleibe der Familie. Ich frage, wie er sich in der Taiga schützt.

»Ich habe meine Laikas.« Ohne diese Hunde, so er, könnte es ihm wie seinem Kollegen ergehen, dem ein Luchs in den Hals biß. Kolja schnipst seinen Zigarettenstummel in die Ofenglut und berichtet stolz, schon vor einem Tiger gestanden zu haben.

»Ich war jung. Mein Vater war auch dabei.«

Nina tischt die Suppe auf und ruft die Kinder, die im Wohnzimmer den Fernseher eingeschaltet haben.

»Schlafen!« befiehlt sie. Sie folgen, sagen »Gute Nacht!« und wieseln in ihr Zimmer. Nina sagt, wir sollen alles aufessen. Sie selbst seien bereits satt.

Wir dürfen unser Zelt auf dem Hof errichten. Kolja meint, jeder im Dorf habe Laikas, vor Bären bräuchten wir uns also nicht zu fürchten. Wir danken für die Gastfreundschaft und wünschen eine gute Nacht.

»Ich liebe Kamtschatka«, sage ich, in der Tür stehend, und mir fällt ein, daß ich vor Stunden, in der Schlacht gegen die Mücken, ganz und gar nicht so dachte.

TANJAS RUNDGANG

Heute machen wir Urlaub. Ronald und ich haben es uns auf der Bank vor dem Haus gemütlich gemacht, haben uns dicke Kleidung angezogen und die Kapuzen übergestülpt. Es ist windig und frisch. Was für ein Luxus: nicht aufstehen, nicht weiterwandern, nicht nach vorn schauen, einfach nur dasitzen und auf die vergangenen vier Wochen zurückblicken.

Kolja öffnet die Haustür und winkt uns hinein. Er zeigt uns eine Messingwanne, in der armlange Fische liegen.

»Das sind Njerkas«, sagt er. Sie schimmern silbern, haben weiße Bäuche.

»Wie groß sie sind«, staune ich.

»Ach, die sind klein.« Draußen schwillt Motorlärm an, Gina und Condor bellen. Kolja schaut ins Freie, ein Lieferwagen rollt vor die Tür.

Der Fischer nimmt die Wanne und sagt, er fahre zum Markt. Dann steigt er auf die Ladefläche des Transporters.

Wir setzen uns wieder auf die Bank. Tanja kommt und stupst uns an. »Los«, drängelt sie. »Ich zeige euch das Dorf.« Wir willigen ein, nehmen Gina mit. Das Mädchen freut sich und streichelt liebevoll die Hündin.

Tanja führt uns an das Ufer der Kamtschatka, unweit einiger Birken, in denen wir bereits jetzt, Anfang August, das erste bunte Laub entdekken. Das Mädchen schwärmt von ihrem Vater, der sie manchmal mit zum Fischen nehme und viel über die Natur zu erzählen wisse.

»Ich hab' ihn gefragt: ›Woher weißt du das alles?‹«, sagt sie. »Und er hat geantwortet: ›Aber Tanja, das muß man doch wissen, wenn man hier lebt.‹«

Wir ziehen weiter, erreichen ein Schulgebäude.

»Vielleicht können wir am Computer spielen«, hofft sie und rüttelt am verschlossenen Eingang. Sie winkt ab, fordert uns auf, ihr zu folgen und lehrt uns unterwegs, daß Kosyrewsk der älteste Ort Kamtschatkas sei. Wie alt, wisse sie nicht, aber gewiß älter als ihre Tante.

Ein schmächtiger Junge trottet uns in Gummistiefeln entgegen, schnitzt an einem Stock und äugt verstohlen zu Tanja.

»Der ist in mich verliebt«, flüstert sie, und als der Bursche vorbei ist, dreht sie sich um und streckt ihm die Zunge raus.

Wir gehen durch viele Häuserzeilen, folgen schwarzen Sandwegen mit unzähligen Telegrafenmasten und riesigen Brennholzstapeln am Wegrand. Der Spaziergang ist ausgiebig, und Tanja schreitet zügig voran. Manchmal muß sie stehenbleiben, um auf uns zu warten, denn wir können nicht so schnell.

Wir begegnen einer alten Frau, die mit gefalteten Händen auf einer dünnen Holzbank sitzt und vor sich hinlächelt. Die Babuschka trägt ein buntes Kopftuch, aus dem schlohweiße Haarsträhnen fallen. Tanja läuft zu ihr und umarmt sie.

»Wie geht es dir?« erkundigt sich das Mädchen.

»Ach, die Knochen.« Die Frau streicht über den blauen Rock.

»Sie backt die leckersten Kekse«, sagt Tanja fröhlich.

»Deine Großmutter?« frage ich.

»Nein, meine lebt nicht mehr.« Sie schaut zum Himmel, an dem sich mächtige Wolkenberge nach Süden wälzen.

Unser Rundkurs umfaßt auch einen Abstecher zum recht kleinen Kulturgebäude, in dem heute eine Disko stattfindet, und zum recht großen Haus des Bürgermeisters. Das Mädchen meint, er habe ein Holzbein und sei vielleicht deswegen so ein zorniger Kerl.

Nina kocht Pelmeni, Kolja sitzt wieder neben dem Herd und raucht. »Dort ist der Tolbatschik«, sagt er und zeigt zum Fenster. Wir folgen dem Finger, können aber nur den Hof und einen grauen Horizont erkennen. Hinter den Wolken soll ein Vulkan stehen, der zuletzt vor 26 Jahren ausgebrochen sei und dabei einiges von seiner Höhe verloren habe. Die Familie sei in das Haus fünf Jahre zu spät eingezogen und habe dadurch einen fantastischen Ausblick auf die Eruption verpaßt. Der Ascheregen sei südlich von Kosyrewsk niedergegangen.

»Da hat man die sowjetischen Mondfahrzeuge getestet«, ergänzt der Mann und nickt bedeutsam.

ZYKLON

Der Vormittag bricht an. Wir verabschieden uns von der freundlichen Familie. Nina sagt, wir sollen sie wieder besuchen. Kolja wickelt einen großen Lachs in Zeitungspapier und reicht ihn uns. Tanja und ihr Bruder ziehen an unseren Armen und kichern. Dann, im Türrahmen stehend, schauen uns die vier nach, wie wir mit den Hunden den Hof verlassen.

Markus besorgt Proviant, dann gehen wir den Weg zum Wald. Acht, neun Laikas stehlen sich von ihren Gehöften und laufen uns bellend hinterher. Condor macht einen Satz zu den Verfolgern und verscheucht sie im Handumdrehen.

Aus dem Nordwind erwächst, wie wir später hören werden, ein Zyklon. Seine böigen Ausläufer lassen uns gegen unsichtbare Wände prallen. Kalter Regen peitscht in die Gesichter. Tiefe, finstere Wolken fliegen wie Raumschiffe über uns hinweg, tote Bäume stehen apokalyptisch in den Sümpfen. Kein Mensch weit und breit. Wir haben nur uns und das Heulen des Sturms.

105

Abends biegen wir in einen schmalen Waldweg nach Maiskoje ab – einzig, um vor der Einsamkeit zu fliehen. In den mächtigen, wogenden Baumwipfeln, die über dem Pfad einen Tunnel bilden, rauscht es ohrenbetäubend. Der Weg scheint kein Ende zu nehmen. Nach vier Kilometern sehen wir Rauch über den Schornsteinen der Häuser. Mir wird warm ums Herz.

Auf einer Wiese, mitten im Dorf, errichten wir das Zelt, bemüht, daß es nicht wegfliegt.

Wir liegen drin, Regen trommelt auf den Stoff, in dessen Nordseite der Wind wie in ein Segel bläst. Erschöpft liegen wir in den Säcken, aber: Wir haben ein Dach über dem Kopf und sind unter Menschen.

GROSSVATER WASSILIJ

Ein neuer Tag scheint durch die Zeltwände.

Draußen schlagen die Hunde an, eine helle Männerstimme versucht sie zu übertönen, ruft, wir sollen rauskommen. Ronald schlägt den Zelteingang auf und bittet um einen Moment. Danach sitzt er auf der Matte vor seinen Schuhen und Strümpfen und scheint zu überlegen, wie er seine blutverkrusteten, geschwollenen Füße hineinbekommen soll. Ich streife meine klamme Kleidung über, klettere über Ronald, trete ins Freie und schaue in das schelmische Gesicht eines kleinen, rüstigen Rentners. Er trägt einen violetten Anorak, braune Hausschuhe und eine Schiebermütze. Der Sturm ist abgeflaut, ein sanfter Wind weht. Auch Ronald kriecht aus dem Zelt.

Der Mann gibt uns einen Wink und schreitet für sein Alter recht flott voran. Wir durchmessen einen Garten mit vielen Blumenbeeten und steuern zu einem kleinen Schuppen. Der Senior zieht die Tür auf, bittet hinein und erfragt unsere Namen. Wir antworten, gehen über knarrende Holzdielen und besetzen auf sein Geheiß kleine Küchenstühle. Durch das Fenster fällt der Schatten eines majestätischen Apfelbaums. Es duftet nach Minze.

»Ich bin Wassilij.« Der Mann reicht Teller, holt Wurst, Käse und Butter aus dem Kühlschrank, schneidet ein Brot auf, legt je einen Teebeutel in drei mit Rosenmotiven verzierte Tassen, nimmt einen Topf mit siedendem Wasser vom Herd und gießt ein. Dampf schlägt an die Fensterscheiben. Der Alte setzt sich zu uns.

»Ihr Deutschen eßt alle gleich.« Ich weiß nicht, was er damit meint, komme auch nicht zum Fragen, will ich ihn nicht unterbrechen. »War im Krieg in Berlin, als es mit euch zu Ende ging. Habe mir Souvenirs mitgebracht.« Er nimmt die Mütze ab und tippt einige dunkle Punkte auf seinem fast kahlen Schädel an. Es scheinen Granatsplitter zu sein. Dann steht er auf, zieht den linken Teil seines Hosenbunds herunter und entblößt einen Schenkel mit einer großen, schwammigen Narbe, die er einer Gewehrkugel zuschreibt.

In die Szene tritt eine mollige, etwa siebzigjährige Frau im geblümten Sommerkleid.

»Erzählt er wieder vom Krieg?« fragt sie und lacht. »Muß auch mal gut damit sein, Wassilij.« Der richtet schuldbewußt seine Kleidung und stellt uns die Frau als seine Gattin Tamara vor. Sie setzt sich und streicht ihm über die Schulter.

Wir kommen auf Bären zu sprechen und wie man sich schützen könne. Der Alte steht wieder auf, greift sich an sein Hinterteil und vollführt mit dem Arm eine schmeißende Bewegung.

»Vertreibt sie mit Kacke. Das ist Tradition.« Ob er uns veralbert?

»Nein, nein«, beteuert er. Es stehe nur nicht in den Büchern.

»Ihr scheint eine Wäsche nötig zu haben«, urteilt die sonnengebräunte Tamara. Wir nicken verlegen. Sie stellt einen riesigen Topf auf die Herdflamme und füllt mit einem langen Schlauch Wasser ein. Wassilij krault derweil sein Kinn und erwähnt Jar, das Dorf seiner Kindheit. Dort, in der Nähe von Moskau, wuchs er auf, und gern wüßte er, ob das kleine Elternhaus mit der blauen Tür und den verzierten Fensterrahmen noch stehe, es noch so aussehe, wer drin wohne.

»Man müßte den Koffer packen und nachschauen«, träumt der 77-jährige und blickt zum Eingang, in dem zwei Frauen erscheinen. Die eine – weißes Kopftuch, bunte Schürze – ist Wassilijs Schwester Olga, die andere seine Enkelin Marina. Sie ist halb so alt wie wir, ähnelt Claudia Schiffer und verlebt hier ihre letzten Schulferien.

»Ein romantisches Mädchen«, bemerkt der Großvater kichernd.

»Weint bei Liebesfilmen.« Sie errötet, greift einen Strohhalm von der Anrichte und biegt ihn hin und her. Auf einmal erwähnt sie eine Reportage, die sie sehen will. Sie verabschiedet sich und verläßt den Raum. Als das Wasser auf dem Herd warm genug ist, nimmt Tamara eine Kelle, schöpft zwei große Schalen voll und legt Seife daneben. Wir fragen die Frauen, ob es ihnen nichts ausmache, wenn wir unsere Oberkörper entblößen. Sie schütteln die Köpfe und sagen:»Nur zu.« Nachdem wir klares Wasser in dunkle Brühe verwandelt haben, trocknen wir uns ab, bekleiden uns und entleeren die Schalen vor dem Schuppen.

Olga schält Äpfel, Tamara blättert in der Zeitung, Wassilij sitzt uns mit gefalteten Händen gegenüber und klagt über das verlasse Maiskoje. Vor zehn Jahren hätten hier achthundert Menschen gewohnt, sagt er. Mittlerweile seien drei Viertel von ihnen weggezogen, die meisten nach Petropawlowsk.

»Wenn das so weitergeht, ende ich wie der Verrückte aus dem Nachbarort. Stellt euch vor. Der lebt dort ganz allein. Hat wohl niemand mit ihm ausgehalten.« Wassilij zuckt die Schultern und gießt uns Tee nach.

Abends stehen wir in der Küche, braten den Lachs von Kolja und verspeisen ihn mit der Familie.

Danach besuchen wir – mal wieder – einen Tanzabend. Marina begleitet uns. Er findet – wo sonst – im Kultursaal statt: braune Tapeten, gerissenes Linoleum, ein Kronleuchter, dem Lampen fehlen, zugenagelte Fenster, Boxen, aus denen russische Popsongs hämmern.

Punkt Mitternacht flutet grelles Licht von der Decke, abrupt verstummt die Musik, jemand ruft:»Schluß!« Das war's. Auf zum Zelt. Im Dorf ist es finster, wir können uns gegenseitig nicht erkennen. Wir schlurfen den unebenen Weg entlang, um nicht zu stolpern.

Der fünfte Montagvormittag der Reise. Der Himmel ist furchtbar grau, doch es regnet nicht. Ich baue das Lager ab, Ronald gibt den Hunden zu trinken. Wassilij bittet uns ins Haus und grübelt laut über ein Abschiedsgeschenk. Unserem Appell, daß die schönste Gabe seine Gastfreundschaft sei, setzt er den Verweis auf eine alte Tradition entgegen. Im Wohnzimmer stehend nimmt er eine schwere Bibel in die Hände. Wir bitten ihn, das Buch zu behalten. Daraufhin will er uns seine Brille überlassen. Wir lächeln erstaunt, lehnen freundlich ab und erfragen seine Anschrift, um ihm aus Rostock eine Ansichtskarte zu senden.

»Wozu das? Ihr wißt doch jetzt, wo ich wohne. Kommt lieber wieder vorbei.« Sein Blick schweift noch einmal durch den Raum. »Gut, wenn ihr nichts haben wollt, laßt mich euch ein Stück begleiten.«

Der Mann schiebt sein froschgrünes Fahrrad neben uns her und witzelt über die beladenen Karren: »Das also ist die berühmte deutsche Ordnung?« Kichernd zeigt er zu den Rucksäcken, auf denen sich im wilden Durcheinander festgeschnürte Kleidungsstücke, Handtücher und Trinkflaschen türmen.

Als wir den Dorffriedhof passieren, bleibt Wassilij einen Moment stehen und sagt: »Hier liegt mein Sohn.«

»Was ist passiert?«

»Er ist mit dem Auto verunglückt. War keine fünfzig.« Der Alte schaut zu den Gräbern und streicht sich eine Haarsträhne aus dem Gesicht. Dann löst er sich und geht mit uns den Weg zum Ortsausgang, wo im hohen Gras eine verfallene Scheune steht.

Zum Abschied reichen wir dem Mann die Hände und sind abermals in der Überzeugung gestärkt, daß erst solche Begegnungen eine Reise wertvoll machen.

LANDSTREICHER

Die Plastiktüte mit dem spärlichen Proviant – ein halbes Brot, etwas Reis, zwei Konserven – klemmt unter einem Rucksackriemen, flattert im Wind und mahnt uns zur Eile. Morgen könnten wir in Kljutschi sein. Dort soll es eine Bank geben, dort wollen wir Euro in Rubel wechseln. Der Währungsmangel verhinderte in Maiskoje den Lebensmittelnachschub. Wir bräuchten auch Wasser. Doch was vielleicht mal ein Fluß war, ist nur noch ein sandiger Graben, als hätte es Monate nicht geregnet.

Nachmittags stoppt neben uns ein großer, japanischer Jeep. Die Frau auf dem Beifahrersitz trägt einen Nerzmantel, der hünenhafte Mann neben ihr einen dunklen Anzug und eine gestreifte Krawatte. Markus bittet die Leute um Wasser. Sie schenken uns eine volle Flasche und eine Tafel Schokolade. Die Dame holt eine kleine Videokamera aus der Handtasche und filmt, wie uns der Fahrer eine Visitenkarte überreicht, die ihn als Generaldirektor eines Ölkonzerns ausweist. Wir sollen die beiden in Petropawlowsk besuchen. Hupend entfernen sie sich. Der Sand auf der Straße ist so schwarz wie der auf den Wegen in Kosyrewsk. Wir bewältigen nicht enden wollende Anstiege, keuchen und schwitzen. Dann, endlich, kreuzen erdige Bäche den Weg.

Am frühen Abend nähern wir uns einer Holzbrücke. Auf dem Geländer sitzen zwei junge Männer. Ihre Gesichter sind schmutzig und zerkratzt. Die teils löchrige, teils geflickte Kleidung hängt ausgeleiert an den Burschen herab. Wir bleiben stehen, fragen, woher sie kommen und wie sie heißen. Der eine – er trägt einen schwarzen Hut mit breiter Krempe – zuckt kraftlos die Schultern. Auch der andere sagt nichts. Seine Augen wirken leer, fast leblos. Irritiert entfernen wir uns von den Gestalten. Was mögen sie hier draußen treiben? Wollen sie trampen? Wo ist ihr Gepäck? Ich schaue mich um. Sie sehen uns nach, setzen sich in Bewegung, folgen uns.

Eine Stunde vergeht, wir pausieren. Langsam nähern sich die Männer, schlurfen wie Greise über den Sand. Der mit dem Hut steigt die Böschung hinab und wandert die gerodete Fläche neben der Straße entlang. Sein Begleiter hinkt an uns vorbei. Die Hunde knurren, wie immer, wenn Menschen sich ungewohnt verhalten.

Die Pause ist um, wir gehen weiter. Die Typen sind gut dreißig Meter weiter als wir. Der Hutträger zieht seine Stiefel aus, läuft barfuß über die von Wurzelwerk durchzogene Erde. Sein Kollege dreht sich plötzlich zu uns und postiert sich breitbeinig auf der Straße, wie zu einem Duell. Uns durchzuckt es. Was hält er da in der Hand? Wieso zielt er auf uns? Wir gehen weiter. Nur keine Angst zeigen, nicht nervös werden. Was aber, wenn ... Die Hunde könnten uns nicht helfen. Unverhofft springt der Kerl die Böschung hinunter und folgt seinem Kumpel.

»Es ist ja nichts passiert«, sagen wir uns. Glücklicher aber wären wir ohne die Männer.

Von Norden her naht ein URAL. Eilig hastet der, der uns offenbar bedrohte, den Abhang hinauf, fixiert den LKW und schwenkt wild seinen Arm. Doch der Fahrer braust vorbei.

Es dämmert bereits. Wir scheinen die Kerle abgehängt zu haben. Sie sind nicht mehr zu sehen. Erleichtert lassen wir uns an einem steinigen Bachufer nieder. Die Hunde waten durchs rauschende Naß und saufen. Als wir das Gepäck abschnallen, tauchen unsere »Begleiter« wieder auf. Sie setzen sich auf das Geländer der Brücke, die den Bach überspannt und drehen uns die Rücken zu. Ich will ihnen zurufen:»Was wollt ihr hier?« Dasselbe aber könnten sie uns auch fragen. Auf einmal sind sie verschwunden, als hätte es sie nie gegeben.

Markus kocht Reis für die Vierbeiner. Der Aluminiumtopf steht auf drei großen Steinen. Unter ihm schwelt Feuer. Ich lege Holz nach und geselle mich zu meinem Kollegen. Hier, abseits der Flammen, verschluckt uns die Dunkelheit. Wir fühlen uns dennoch beobachtet. Der Reis quillt über. Ich kühle den Topf im Bach. Nachdem die Hunde gefressen haben, essen wir etwas Brot und Büchsenfleisch.

Vor dem Einschlafen rufe ich Sylvia an. Mein Puls schlägt schneller. Wir plaudern, lachen, trösten uns. Mir graut vor dem Auflegen. Dann ist es soweit, die Stimme in der Leitung verstummt. Ich horche hinein, als täuschte ich mich.

Um Mitternacht verschwinden wir im Stoffiglu, schlüpfen aber nicht in die Schlafsäcke, decken uns mit ihnen nur zu und lassen die Zelteingänge je einen Spaltbreit auf. Notfalls sind wir so flinker auf den Beinen. Ich denke an die Typen. Wo mögen sie sein? Ob sie was aushecken?

Die Nacht ist unheimlich, weil nichts passiert, während wir darauf lauern, daß etwas passiert. Angespannt wälzen wir uns von einer Seite zur anderen bis das erste Morgenlicht durch die Zeltwand schimmert.

JURI UND ROMA

Wir stehen auf, klettern auf die Brücke und bewundern einen großen Vulkan, der uns gestern im Dunkel verborgen blieb. Auf der Karte ist er als der fast viertausend Meter hohe Uschkowsky verzeichnet. Die Morgensonne bestrahlt seine mächtige Schneehaube. Darunter ziehen längliche Wolken. Den Giganten umgibt eine kleinere Bergkette. Davor ergießt sich ein weites, grünes Tal.

Wir füllen die Trinkflaschen im Bach. Das Wasser sieht aus wie Milchkaffee. Dann laden wir unser Gepäck auf und ziehen weiter. Erobern wir einen Hügel, erblicken wir schon den nächsten. Die Anstiege sind höher als zuvor. Ein Windhauch streicht über den Weg, raubt ihm etwas Staub und umfächert uns damit. Sonst stört kein Lüftchen die Bruthitze. Die Räder rumpeln über loses Gestein, immer weiter, bis nach Stunden in der Ferne ein Dach auftaucht. Als wir uns nähern, erkennen wir einen LKW-Anhänger, einen Stall und – nach vielen weiteren Schritten – ein Stopschild samt geschlossener Schranke. Eine GAI-Station. Wieder ein Gläschen Wodka als Wegzoll?

Wir stellen unsere Fahrgestelle vor den Schlagbaum. Aus dem Holzwagen mit der Aufschrift »SPM-2-Kljutschi« treten zwei Beamte. Der Kräftigere von ihnen trägt ein schwarzes Barett und eine grüne Tarnuniform, sein Kollege eine blaue. Die Männer nähern sich uns langsam, schweigend und argwöhnisch. Ihre Hände ruhen auf den um die Schultern hängenden Maschinengewehren. Wir scheinen nicht willkommen. Müssen wir umkehren? Man verlangt unsere Ausweise, blättert sie durch, fragt, was es mit den Schubkarren und den großen Hunden auf sich habe. Wir stehen Rede und Antwort, während sich die ernsten Polizistenmienen in freundliche Gesichter verwandeln.

»Kommt rein«, sagt der mit dem Barett und macht eine Kopfbewegung zum Anhänger. Ich befehle den Hunden, sich in den Schatten einer Lärche zu legen. Dort dösen sie und genießen den kühlen Ort abseits der glühenden Mittagssonne.

Der Wagen besitzt eine Kochnische und einen schmalen Wohnbereich mit Teppich, Bücherregal, Holztisch und zwei Liegen. Die Polizisten sitzen auf der einen, wir auf der anderen. Wir betrachten Fotos von braungebrannten Pin-up-Girls an der Wand. Vor uns stehen zwei große Tassen mit heißem Brombeertee und eine Plastikschale mit glasierten Keksen. Die Männer motivieren uns zuzugreifen.

Sie sind in unserem Alter, heißen Juri und Roma und bewachen die Station noch bis September. Dann sei ein Vierteljahr um, und ein anderer Trupp beziehe ihren Posten für eine ebenso lange Zeit. In diesen Monaten dienen unsere Gastgeber in Petropawlowsk, nicht weit von ihren Familien. Im Dezember beginne der Turnus erneut, und man kommandiere sie zurück nach Kljutschi.

Der kräftige Juri hat auffallend blaue Augen und breite, nordische Gesichtszüge. Er spricht ruhig und selbstbewußt. Roma dagegen wirkt jungenhaft, hat einen kurzen, dunkelbraunen Bubihaarschnitt und verschmitzt dreinblickende Augen. Eigentlich dürften die Männer nicht mit uns im Wagen sitzen, doch ihre Neugier habe über die Vorschrift gesiegt.

Ein Auto naht. Roma springt auf, ergreift das Gewehr und läuft nach draußen. Durch die glaslose Luke sehen wir ihn die Papiere eines Ladafahrers prüfen. Dann stemmt der Ordnungshüter die Schranke hoch und der Wagen beschleunigt.

Juri erzählt von der Fischerei, in der sein Vater arbeite. Früher habe die Fangquote auf der Halbinsel noch einhundert Tonnen Lachs pro Tag erreicht, jetzt sei es nur noch ein Bruchteil davon. Man munkle, die Gebietsverwaltung stecke dahinter. Sie soll im Kamtschatkadelta riesige Fangnetze gespannt haben, um die stromaufwärts schwimmenden Fische abzufangen und den Profit einzustreichen.

»Politiker sind Raubtiere«, sagt Juri und steckt sich eine Zigarette an. »Wir einfachen Leute müssen zusammenhalten.« Erwischen er und Roma jemanden, der Kaviar schmuggelt, drücken sie oft ein Auge zu und lassen passieren. Ich denke an Oleg aus Milkowo: ›Ob sie den auch durchwinken?‹

Neben der Keksdose liegt Juris geladene Kalaschnikow. Mit so einer habe ich bei der Armee ein Munitionslager bewacht. Interessiert recke ich den Hals, erzähle von meiner NVA- und Bundeswehrzeit. Unverhofft zeigt Juri auf die Waffe und mich. Ich nehme sie auf; der kühle Stahl erinnert mich an Schritte durch raschelndes Laub, Sterne über hohen Kiefern, meinen hochgeschlagenen Militärmantelkragen …

»Ist das eine Makarow?« zerschneidet Markus meine Gedanken, schiebt sich einen Keks in den Mund und deutet auf Romas Pistolentasche. Der nickt breit lächelnd, behält die Waffe aber artig am Mann.

Markus will mich mit dem Gewehr fotografieren. Spontan reicht mir Juri sein Barett und die Uniformjacke dazu. Ich bekleide mich. Alle in der Runde grinsen. Blitzlicht flackert auf.

»Los, noch ein Bild mit euch«, rufe ich den Polizisten zu. Doch es scheint, das ist ihnen zu heiß. Schmunzelnd winken sie ab.

Als die Tassen geleert sind, bedanken und erheben wir uns. Wir wünschen den Männern eine sichere Wache, rufen die Hunde, die seit einer Stunde unter dem Baum ausharrten und ziehen winkend von dannen. Uns lockt Kljutschi. Wir wandern einen kleinen Hügel hinab und sehen über dem vor uns liegenden Wäldchen schon einen langen Schornstein aufragen.

KLJUTSCHI

Ronald und ich kehren in eine rustikale Gaststube ein. Die Wirtin serviert uns eiskalte Cola und Brathähnchen. Wir dürfen in Euro bezahlen. Wir schmausen und rollen genußvoll die Augen. ›Schon siebenhundert Kilometer geschafft‹, denke ich. ›Jetzt nur noch den Vulkan besteigen und Ust-Kamtschatsk ansteuern. Ein Kinderspiel.‹ Vor einem Monat noch konnte ich mir kaum vorstellen, je Kljutschi zu erreichen.

Wir errichten unser Zelt auf einer Wiese vor einem unbewohnten Bauernhaus, unweit der im Sonnenlicht glitzernden Kamtschatka. Die alte Nachbarfrau lehnt an ihrer Hofpforte und fragt, ob unsere Hunde sie beißen werden. Wir beruhigen sie. Sie überlegt und erwidert: »Wir brauchen auch einen Hund. Dann hat der Vater was zu tun und geht nicht immer in die Gaststätte. Wozu habe ich ihn geheiratet?« Sie schüttelt traurig den Kopf und verschwindet unter Hühnergegacker hinter dem Gartenzaun.

Wir lassen Gina beim Lager, nehmen Condor mit und suchen eine Wechselstube. Uns fällt auf, daß Kljutschi trotz seiner, wie man uns erzählte, viertausend Einwohner einem Dorf gleicht. Eine Holzhütte reiht sich an die nächste. Nur im Ortszentrum stehen einige Plattenbauten. Den Hauptplatz mit dem gerissenen Trottoir flankieren ein graues Kulturhaus und eine Bar mit breitgeschwungenem Reklameschriftzug. Daneben weist ein schwarzmetallener Lenin vom graffitybesprayten Sockel aus gebieterisch gen Westen.

Ein Mann mit Pudelmütze zeigt uns den Weg zu der Bank. Sie steht in einem Garten mit bunten Blumen. Die schmallippige Schalterdame im seidenen Hemd kann uns jedoch kein Geld tauschen. Wir fragen, ob sie eine andere Lösung wisse. Sie überlegt und wählt eine Telefonnummer. Aus der Hörermuschel dringt lautes, dunkles Gelächter. Auch die Angestellte kichert. Dann wechselt sie ein paar Worte und legt auf. »Kommen Sie mit!« befiehlt sie. Wir gehen über die Straße in ein Hotel. Auf den dunklen Fluren stinkt es nach Urin. Die Frau klopft an eine Tür, hinter der die Transaktion stattfinden soll. Niemand öffnet. Unsere Helferin flucht leise und vertröstet uns auf eine weitere Chance.

Wir kehren in das Geldhaus zurück, die Dame telefoniert noch einmal und rät uns danach, vor der Bank zu warten, bis ein Freund käme. Er naht nach einer halben Stunde. Der klobige Mann mit dem stumpfen Gesicht will uns einhundert Euro wechseln. Er hält unseren Schein gegen die Sonne und reibt mit den Fingern darüber. Dann nickt er und gibt uns 2900 Rubel – vierhundert weniger als beim offiziellen Kurs. Endlich können wir einkaufen.

Nachmittags sitzen wir vor dem Zelt und naschen Schokoriegel. Gina und Condor dösen und verdauen viele Würstchen.

Die Nachbarin steht wieder an der Pforte und scheint auf ihren Mann zu warten. Ihre dünnen Beine stecken in engen Trainingshosen, über den dicken Bauch spannt ein Wollpulli. Sie legt die Handkante an die Stirn und beobachtet einen dünnen, torkelnden Rentner, der gerade in den staubigen Weg einbiegt und mit jedem Schritt langsamer wird. Die Frau stemmt die Fäuste in die Hüften und wippt mit dem Fuß, bis der Mann da ist.

»Endlich!« Sie schubst ihn wie eine Puppe vor sich her und verschwindet mit ihm hinter der Pforte. Die Schimpftirade verebbt, als die Haustür zuschlägt.

Nach einer halben Stunde schaut eine jüngere Frau über den Zaun und lädt uns ein. Sie führt uns durch den Garten zu einem Baumstumpf, der als Tisch dient. An ihm sitzt die alte Frau sowie ein junger Mann, der die Rinde eines Birnbaums anstarrt. Als sich die Teller mit Tomatensalat füllen, schwankt der betrunkene Großvater um die Hausecke. Er führt eine Ziege an der Leine, entblößt einen gelben Zahn und nuschelt. Plötzlich reißt das Tier die Salatschüssel vom Tisch und frißt gemütlich die Tomaten aus dem Gras. Die Alte greift an ihr

Kopftuch, und es scheint, sie würde damit gern den Gatten erdrosseln. Der ist schneller verschwunden, als wir es für möglich gehalten hätten.

Abends waschen wir uns im Fluß. Die untergehende Sonne taucht die Berge am anderen Ufer in rotgoldenes Licht. Grillen zirpen. In der milden Sommerluft liegt der Duft verbrannten Holzes.

Nach dem Bad führt uns ein Spaziergang zu einem Markt mit grünlichen Buden. Wir treffen eine Clique Halbstarker, die in ärmellosen T-Shirts auf der geöffneten Kofferraumklappe eines Toyota-Jeeps sitzen, Bier trinken und Butterbrot mit Kaviar verdrücken.

»Wollt ihr auch was?« fragen sie und reichen uns den großen Teller mit den Stullen. Wir danken und greifen zu. Condor macht im Sicherheitsabstand »Platz« und beäugt die Jungs mißtrauisch. Als wir aufgegessen haben, ist ihr Bier alle.

»Was ist? Holt ihr neues?« Wir gehen in einen Laden und kehren mit sieben Flaschen zurück; fünf für sie, zwei für uns. Nicht lange, und ihre sind geleert.

»Wir brauchen Nachschub. Am besten Wodka.« Der blasse Kerl, der das ruft, scheint sich die buschigen Augenbrauen absichtlich heruntergekämmt zu haben, um Gefahr auszustrahlen. Wir wollen uns nicht ausnutzen lassen und verabschieden uns.

Als wir mit Condor zum Zelt schlendern, folgen uns die Burschen im Jeep und rasen dicht an uns vorbei. Dann wenden sie und wiederholen das Spielchen. Wir springen zur Seite und schwingen die Fäuste. Wer weiß, was den Typen noch in den Sinn käme, würde uns Condor nicht begleiten. Ohne ihn – und ohne Gina – wäre manche Situation weitaus gefährlicher.

DER ARMEEAUSFLUG

Der nächste Morgen. Markus schläft noch. Ich krabble aus dem Zelt, erblicke den Kljutschewskoi, der, noch gestern von Wolken verdeckt, mir jetzt den Atem raubt. Was für ein Vulkankegel – schneebedeckt, gigantisch, prachtvoll, wie aus einem Guß. Der breite Krater atmet, heller Rauch steigt auf, verschmilzt mit dem Himmel. Dort oben stehen, den Puls der Erde spüren, hinunterschauen auf sie; Flüsse werden Bäche, Wälder Wiesen, Häuser Farbtupfer. Das wird, buchstäblich, der Höhepunkt unserer Reise sein.

Markus erwacht, setzt sich neben mich und gähnt den Berg an. Kein Wort des Staunens, nichts. Ich bin mit dem Vulkan allein.

Heute bewachen Gina und Condor gemeinsam das Lager. Wir schlendern durch den Ort und essen wieder Brathähnchen in der Gaststube. Sie ist spärlich besucht. Zwei Männer hocken am Tresen und trinken Bier, am Nebentisch schnattern vier Frauen. Die Tür steht sperrangelweit auf. Sommerluft schwebt herein, umnebelt meinen Abenteuerdrang mit Urlaubsstimmung.

Draußen fallen Autotüren ins Schloß. Polternde Schritte im Vorraum. Drei Uniformierte betreten die Gaststätte, schauen langsam in die Runde und lassen sich einen Tisch von uns entfernt nieder.

»Woher kommt ihr?« ruft uns einer von ihnen zu. Nachdem wir dem breiten, bärbeißigen Mann antworteten, wechseln er und seine Mitstreiter an unseren Tisch herüber.

»Das nenne ich einen langen Marsch«, staunt er nach unserem Rapport und bestellt bei der Bedienung eine Flasche Wodka und fünf Schnapsgläser. Sie serviert, wir stoßen an, trinken aus und machen uns bekannt. Der Breite heißt Nikolai, hat einen beeindruckenden Bierbauch und war vor Jahren Meister im Gewichtheben in Jaroslawl. Der Bursche neben ihm scheint noch recht jung, lächelt schief und wird Dima genannt. Er kümmere sich um die Finanzen. Ob er dafür ein Amt bekleidet oder nur die Wirtsrechnung im Auge behält, bleibt unklar. Der Dritte im Bund heißt German, sieht aus wie Rudi Carrell und führt eine ganze Kompanie. Der Oberst, der einen über den Durst getrunken zu haben scheint, wird immer schläfriger.

Eine halbe Stunde später sitzen wir in einem weißen Toyota. Die Armeeleute machen mit uns einen Ausflug zu den nahen Hügeln. Nur Dima ist nüchtern. Aber statt seiner lenkt der frühere »Hantelheber« das Auto. Er jagt über eine holprige Piste und reizt die Drehzahlen des Motors aus, als wären wir auf der Flucht. Gestein schlägt wuchtig an den Fahrzeugboden.

Wir nähern uns einem mauerumzogenen Komplex und halten vor

einem Eisentor, das eilig von zwei Soldaten geöffnet wird. Sie winken uns durch, scheinen noch nicht einmal zu stutzen, daß wir, zwei Wildfremde, in ihren Sicherheitsbereich dringen. Nicht zu fassen! Meines Wissens müßten sie sogar einen General kontrollieren. Wie nebenbei erwähnt Dima, wir seien die ersten Ausländer auf dem Gelände, das wir nach einem halben Kilometer durch ein anderes Tor wieder verlassen.

Das Auto erklimmt einen langen Anstieg. Der Zustand des Weges verschlimmert sich, Nikolais Fahrstil bleibt konstant. Auf vierhundert Metern stoppen wir und steigen aus. Der Oberst bleibt im Wagen, schlummert. Von hier oben haben wir eine grandiose Aussicht auf die dunklen Wälder, die winzig scheinenden Häuser und Hafenkräne, die mächtige Biegung der Kamtschatka und einen weiteren Vulkan, den Schiwelutsch. Er ist gut einen Tagesmarsch entfernt. Rauchschwaden quellen aus dem Krater.

»Das ist unser aktivster Vulkan«, erklärt Dima. Doch auch der Kljutschewskoi sei nicht ohne. Wir drehen uns zu ihm um. Er ist nicht mehr zu sehen, ist von Wolken umhüllt. Vor siebzig Jahren, als er das letzte Mal ausgebrochen sei, so der junge Offizier, hätten die Leute ihr Dorf bereits verloren geglaubt. Doch die Feuerwalze sei langsamer geworden und fünf Kilometer vor der Siedlung, genau hier, wo wir jetzt stehen, zum Stillstand gekommen. Ich hocke mich hin und streiche über erstarrte, ziegelrote Lava. Sie fühlt sich wie harter Mörtel an.

GLÜHENDE LAVA

Ronald liegt mir mit dem Vulkanaufstieg in den Ohren.

Dem Rat von Professor Karpow aus Petropawlowsk folgend, machen wir uns auf die Suche nach seinem Kollegen in Kljutschi. Eine Passantin schlägt vor, seine Adresse im Hotel zu erfragen.

Dort tritt ein junger Mann mit Rucksack aus dem Eingang. Er kommt aus Polen und will in die Berge. Der dicke Bursche weiß uns zu helfen und malt den Weg zum Wissenschaftler auf einen zerknitterten Briefumschlag. Wir danken ihm und folgen der Beschreibung.

Unterwegs sehen wir vier Männer, die Holz hacken und dabei gefährlich torkeln. Weitere vier liegen verstreut auf einer Wolldecke und schnarchen. Wie leicht es ist, sie als Trinker abzutun; sie und so viele andere, denen wir bisher auf der Halbinsel begegneten. Ein Blick in ihre verhärmten, müden Gesichter macht mich nachdenklich, ich suche Gründe: Arbeitslosigkeit? Abgeschiedenheit? Entwurzeltes Leben? Wieder holt einer der Männer aus, trifft das Holz nicht richtig, das Axtblatt schlägt in die Rinde, er flucht. Vielleicht, denke ich, ist auch das Leben nur eine niederfahrende Axt. Man trifft oder auch nicht. Die Arbeitsstelle des Vulkanologen befindet sich neben einer Wiese mit brusthohen Weidenröschen. Das Haus ist alt, sein Dach trägt eine lange Antenne, die Fenster sind vergittert, dahinter spielt leise Musik. Wir öffnen die hellblaue Eingangstür. In den Räumen, die vom Flur abgehen, arbeiten moderne Computer, ein Faxgerät surrt, es riecht nach Bohnerwachs. Eine Frau mit blondgelocktem Haar erscheint, vernimmt unseren Wunsch und sagt, der Chef sei erst morgen wieder zu sprechen. Sie sendet uns ein munteres Lächeln und setzt sich an einen Laptop.

Dunkelheit senkt sich aufs das Land, Sterne funkeln. Wir sitzen vor dem Lenindenkmal, trinken Bier und genießen den kühlen Atem der Nacht. Plötzlich leuchtet in der Ferne ein roter Punkt. Wir springen auf, recken die Hälse – und begreifen: das ist Lava! Träge ergießt sie sich aus dem Krater des Schiwelutsch. Nach einer Weile versiegt sie. Der Feuerstrom scheint nicht mehr aufzuleben. Wir gehen zum Zelt.
Trotz der späten Stunde steht die alte Nachbarin am Zaun. Aufgeregt erzählen wir von unserem Erlebnis.
»Kinder«, erwidert sie. »Was soll ich sagen? Für mich ist das Alltag.«

BRANDENBURGER HEIMAT

Am nächsten Morgen besucht uns ein alter, leberfleckiger Mann mit Schlappmütze. Die Nachbarin habe ihm erzählt, wir seien Ostdeutsche. Da seien ihm Erinnerungen gekommen, die er uns gern erzählen möchte.
Neugierig folgen wir dem langsam dahinschlurfenden Rentner durch

die nebeldurchzogenen Häuserzeilen. Er scheint es mit den Bandscheiben zu haben. Mehrmals bleibt er stehen, stemmt eine Hand in die Wirbelsäule und drückt sie durch.

Wir gelangen an eine rotblau verzierte Haustür. Er schließt sie auf, tritt ein, nimmt die Mütze ab und entblößt lange Großvaterohren. Durch den kühlen, nach Leder riechenden Flur gehen wir ins Wohnzimmer. Die kleingemusterten Tapeten, die alten, glanzlosen Anbauschränke, der holzummantelte Fernseher und der Ornamentteppich inhalierten wahrscheinlich schon Jahrzehnte vom Leben des Mannes. Ihre bräunlichen Farben strahlen Altherrengemütlichkeit aus. Der Senior bietet uns zwei Polsterstühle an.

»Himmel, das Gedächtnis«, sagt er und gleitet langsam in einen Ohrensessel. »Wo war ich nur stationiert? Eine kleine Stadt in Brandenburg.« Kolja, so heißt der Mann, überlegt eine Weile, und als es ihm nicht mehr einzufallen scheint, ruft er plötzlich »Spremberg« aus. Er beginnt davon zu schwärmen, wie er in den sechziger Jahren durch die Straßen der Stadt spazierte. Es war Frühling, Sperlinge tschilpten in den Linden und Kolja war verliebt.

»Margit lebte in Cottbus. Wir haben uns auf dem Maifest kennengelernt. Fast hätten wir geheiratet.« Er spricht heiser und brüchig. »Einmal machten wir einen Ausflug nach, wie hieß das noch, Pleitz?«

»Peitz«, korrigiert Ronald.

»Ganz recht. Wir badeten in einem See. Ich schaute sie an und fühlte mich zu Hause. Als hätte ich nie eine andere Heimat gehabt.« Manchmal, wenn er ein Erlebnis wie einen kleinen Schatz ausgräbt, schließt er für Sekunden die Augen und schweigt. In Spremberg habe er zwei Jahre gedient und sei danach vier Jahre zivil dort gewesen.

»Warum sind Sie zurückgekommen?«

»Ich mußte. Wenn die da oben es so wollen? Meine Heimat, sagten sie, sei Rußland. Niemand fragte, wo ich glücklicher wäre.« Es sei schwierig gewesen, das alte Leben herauszukramen.

»Haben Sie Margit nie wiedergesehen?«

»Nie.« Er seufzt. »Hab' dann die Irina geheiratet. War keine schlechte Zeit. Sie starb vor acht Jahren.«

Für eine Weile sitzt er zusammengesunken im Sessel, die grünen, in Höhlen liegenden Augen wirken müde, wie nach einem langen Marsch.

Erst als die Zimmertür aufgeht und ein junger Mann mit freiem, durchtrainiertem Oberkörper im Rahmen steht, blüht der Alte auf. »Mein Enkel!« Er winkt den Burschen heran. Der setzt sich auf den Schoß des Großvaters. »Er ist Judomeister von Kljutschi. Ein feiner Junge«, preist er stolz. Die beiden lächeln sich an, sind offenbar ein Herz und eine Seele. »Geh deiner Mutter Bescheid sagen. Wir haben Gäste.« Der Enkel nickt, springt auf und verläßt den Raum.

Koljas Tochter ist rotwangig und hat einen schönen, schlanken Hals, den ein grünliches Amulett ziert. Der Alte bittet sie um ein Frühstück, daraufhin eilt sie in die Küche.

Kolja erzählt, daß er in Spremberg den Wolga des Offiziers steuern durfte und sich noch gut an den herben Tabakduft im Fahrzeug erinnere. Schwerfällig erhebt sich der Mann, schleicht zum Schrank und entnimmt ihm Feuerzeug, Tabakdose und Pfeife. Er setzt sich wieder, stopft sie, entzündet den Feinschnitt und zieht am Mundstück. Bläuliche Wolken steigen auf.

»Auch das erinnert mich an Brandenburg«, meint er und wirkt glücklich.

Seine Tochter kehrt mit einem beladenen Tablett zurück und tischt Leckereien auf: Rühreier, Bratkartoffeln, geräucherten Fisch, Brot und eine Kanne Kaffee. Auf der Stirn der Frau hat sich eine steile Falte gebildet.

»Vater, hör auf zu rauchen!«

»Kind, laß mich doch.« Er schickt ein jungenhaftes Lächeln nach. Als die Tochter wortlos den Raum verläßt, sagt Kolja: »Sie sorgt sich sehr um mich. Ihre Schwester ist schon gestorben.«

Unser Gastgeber ermuntert uns, tüchtig zuzugreifen. Er selbst ißt nichts, beschäftigt sich mit dem Tabak.

Zum Abschied bedanken wir uns bei Kolja mit einer Silbermünze, deren eine Seite die Silhouette des Rostocker Rathauses abbildet.

»Und das wird mich an euch erinnern.« Der Alte streicht uns über die Schultern und steht im Türrahmen des Hauses, bis wir aus seinem Blickwinkel verschwinden.

JURAS VULKAN

Vormittags löst sich der Nebel auf, die Sonne strahlt, Tautropfen glitzern wie Edelsteine auf den Gräsern. Ein Vogelpaar umkreist die Antenne der Seismologiestation, setzt sich auf das Dach und fliegt nach kurzer Zeit dem mächtigen Kljutschewskoi entgegen. Wenn es so einfach wäre. Wir müssen uns den Weg erfragen. Einer, der ihn sicher weiß, ist der Vulkanologe Jura Andrejewitsch. Er ist auch heute nicht im Büro. Die Mitarbeiterin verrät uns, wo er wohnt.

Wir gehen über die Wiese mit den Weidenröschen, öffnen eine kleine Pforte, durchqueren einen bunten Garten mit Spielzeugwindmühlen in den Beeten und klopfen an die Haustür des Wissenschaftlers. Er ist einen Kopf kleiner als Ronald und trägt ein blaues Holzfällerhemd. Sein dunkles Haar geht ihm aus, er hat buschige Brauen und blaue, wäßrige Augen. Während wir im Flur die Schuhe abstreifen, umschnurrt uns eine weiße Katze. Jura bittet ins Wohnzimmer: hohe Regale mit unzähligen Büchern, großer Fernseher und Stereoanlage aus Japan, Computer mit Internetanschluß, Sofa und Tisch wie aus dem IKEA-Katalog – ein Lebensstandard, der uns in Rußland nur selten begegnete.

»Ich helfe Touristen«, sagt der Hausherr und setzt sich ans Fenster. Er organisiert Trekkingtouren – und ist somit erst recht unser Mann.

Im Flur klappern Schlüssel. Eine blonde Frau tritt ein und grüßt. Sie trägt ausgebeulte Trainingshosen und hält ein Körbchen mit Zwiebeln in den Händen.

»Das ist Tanja Iwanowna, meine Frau.« Für einen Moment ruht Juras Blick auf der kleinen, schlanken Person, deren Augen von Lachfalten umspielt werden.

»Ich hole euch was zu trinken«, schlägt sie vor, bringt das Körbchen in die Küche und serviert uns eiskalte Limonade.

Der Fachmann schlägt die Beine übereinander und berichtet stolz von seinen Vulkanbesteigungen. Das letzte Mal habe er den Kljutschewskoi vor elf Jahren erklommen.

»Allein dafür hat sich das Studium gelohnt«, resümiert er und lehnt sich zurück. Obwohl er erst 53 sei, beziehe er seit drei Jahren Rente. Er sagt, das sei so üblich in der Branche.

»Ich bin trotzdem fast jeden Tag in der Station.« Solch einen tollen Beruf lege man nicht wie einen alten Mantel ab.

Während wir einen Schluck Brause trinken, warnt uns Jura vor dem brüchigen Kraterrand, dem wir nicht zu nahe kommen sollen. »Letztens waren zwei Japaner bei mir und fragten wie ihr. Sie glaubten mir wohl nicht. Einer ist in den Abgrund gestürzt.« Man falle über zweihundert Meter tief und erlebe zum Abschied Temperaturen, heißer als in der Wüste.

»Wird er bald ausbrechen?« forscht Ronald. Der Experte wippt mit der Hand. Eine Eruption lasse sich frühestens fünf Tage im Voraus prognostizieren. Noch sei nichts zu befürchten.

Als wir ausgetrunken haben, geht der Mann mit uns zur Meßstation. Er wolle uns zeigen, daß seine Aussagen Hand und Fuß haben. ›Ob er denkt, wir vertrauen ihm nicht?‹ grüble ich. Er führt uns wie ein Immobilienmakler durch seine Wirkungsstätte. Diese Computer speichern das, die dort drüben jenes. Wir nicken und scheitern heimlich am Fachrussisch. Im ersten Stockwerk bestaunen wir mannshohe Apparaturen. Jura setzt zur Erklärung an. Diesmal unterbreche ich ihn und beichte unsere Wissenslücke. Der Mann sagt, er spreche auch englisch. Aha, die Geräte messen seismographische Daten, Luftdruck- und Temperaturschwankungen sowie die Konsistenz verschiedener Gesteinsarten. Am Fenster ist eine Videokamera auf den Kljutschewskoi gerichtet. Ihre Bilder fließen ins Internet.

»So kann ihn die ganze Welt live sehen«, kokettiert der Forscher.

Als wir den Wiesenweg zurückgehen, sagt Jura zufrieden: »Ich habe meine Frau, meinen Berg – und meine CDs.« Ich frage, welche.

»Ich liebe gute Musik. Jazz und Rock and Roll.«

Später, im Wohnzimmer, spielt er eine Scheibe von Louis Armstrong und verrät uns den Aufstiegsplan. Tag eins: per Auto zum Basislager, dann auf 1400 Meter wandern. Tag zwei: auf 2500 Meter steigen. Tag drei: hinauf zum Krater und zurück zum ersten Nachtlager. Tag vier: hinunter zur Basis und auf den Chauffeur warten.

»Ruft mich jeden Tag an.« Der Vulkanologe zeigt durch das Fenster auf den rauchenden Berg. »Nur für den Notfall.«

Als Armstrongs »Blueberry Hill« in den letzten Tönen liegt, fragen wir Jura, ob er uns für den Aufstieg zum schneebedeckten Gipfel

Sonnenbrillen leihen kann. Unsere hätten bessere Besitzer verdient: Ronalds zerbrach, meine vergaß ich im Flugzeug. Der Mann geht in ein Nebenzimmer und kehrt mit zwei Exemplaren zurück. Die eine gehört ihm, die andere seiner Mutter. Erfreut verabreden wir uns für morgen. Jura erinnert uns, an zweitausend Rubel für seine Dienste zu denken. »Nehmen Sie auch Euro?« Er bejaht.

AUFWÄRTS

Heute ist Freitag, der neunte August, und wir haben vor, unserem Reiseleben ein neues Kapitel anzufügen: eine Bergbesteigung.

Pünktlich um zehn Uhr treffen Markus und ich uns mit dem Vulkanologen vor seinem Haus. Die Sonne kitzelt unsere Gesichter, Vögel zwitschern, es riecht nach Heu. Wir gehen durch eine Gartenpforte und betreten das Nachbargehöft. Neben den Tomatenstauden steht ein runder, braungebrannter Mann mit großer, eckiger Brille. Das ist unser Fahrer.

»Es kann losgehen, Istwan«, ermuntert Jura seinen Bekannten, der sich unentschlossen auf den Harkenstiel stützt. Dann nickt der gut Vierzigjährige, zieht seinen grünen Schlapphut zurecht, läuft in sein Haus und kehrt mit einer riesigen Milchflasche zurück.

»Für euch«, sagt er fröhlich. »Ist gesund.« Wir wissen nicht, wohin damit. Istwan legt die Flasche in den grünen Lada Niva, der vor dem Haus parkt. Wir stapeln die Rucksäcke in den Kofferraum, gurten die Schubkarren auf das Dach und lassen Gina und Condor auf die Rückbank springen. Dann zahlen wir Jura siebzig Euro, woraufhin er uns viel Glück wünscht.

Bevor der Trip beginnt, kauft Markus Proviant: einen Eimer Mayonnaise – wegen der vielen Kalorien –, vier Brote, sechs Pfund Lebkuchen und sieben Dosen Würstchen.

Wir fahren zum Ortsausgang, schaukeln über teils steinige, teils schlammige Pisten und durchqueren unzählige Bäche.

Nach zehn Kilometern steigt der Weg spürbar an, wird schmaler, verlassener und auch für einen Geländewagen schwer befahrbar. Im

Schrittempo quält er sich voran, neigt sich nach links, nach rechts. Damit er nicht umkippt, verlagern wir unser Gewicht. Den Chauffeur scheint das alles nicht zu stören. Er bekräftigt, uns zum vereinbarten Ziel zu bringen.

Wir holpern über umgestürzte Birken, Äste schlagen an die Karosserie, Gesträuch quetscht sich durch die geöffneten Seitenfenster. Jetzt scheint auch Istwan genervt. Künstlich lächelnd flucht er leise vor sich hin. Nach einer Weile stecken wir im Morast fest. Der Motor heult, als explodiere er gleich, Qualm dringt aus der Haube. Plötzlich verstummt der Lada, im Maschinenraum knackt es. Für einen Moment sitzen wir da, sagen kein Wort. Unverhofft schlägt der Fahrer auf das Lenkrad ein, schimpft und betätigt hastig den Zündschlüssel, während der Anlasser kläglich leiert. Der Mann zieht eine Kurbel unter seinem Sitz hervor, steigt aus, steckt sie in eine Öffnung unter der Stoßstange und läßt die Drehvorrichtung kräftig rotieren. Schweißperlen bedecken Istwans Stirn, seine Brille beschlägt. Endlich rattert der Motor. Auch wir klettern aus dem Auto, stemmen uns gegen die Heckklappe, der Fahrer springt in den Wagen, gibt Gas, es kann weitergehen.

Einen halben Kilometer später stoppen wir erneut. Der Weg vor uns ähnelt der Kurve einer Achterbahn. Der Chauffeur bangt um sein Fahrzeug, will zurück.

Nachdem wir ihn verabschiedeten, wendet er in vielen Zügen und schaukelt – samt vergessener Milch – bergab. Mein Höhenmesser zeigt auf vierhundert Meter. Das Basislager ist noch fünfzehn Kilometer entfernt.

Wir schnallen die Rucksäcke auf die Eisengefährte und schieben sie mühsam den schlammigen Pfad hinauf. Das kostet viel zu viel Kraft. Lieber wollen wir das Gepäck tragen. Vorher sortieren wir aus, was wir brauchen: Nahrung, Kochgeschirr, Schlafsäcke, Zelt, Axt und Winterkleidung. Die restlichen Sachen legen wir auf die Karren, schieben sie ins Gesträuch und markieren es mit einem Strumpf. Dann suchen wir uns zwei Wanderstöcke und gehen los.

Wie schwer der Sack auf den Schultern lastet! Die Hunde tragen ihre Taschen souverän, als spürten sie sie nicht. Die beiden laufen voran und erfreuen sich an den Gerüchen des Dickichts. Derweil bekämpft uns eine Mückenarmee, raubt uns Blut, Kraft und Nerven. Als wir den Wald hinter uns lassen, rückt sie ab. Wir marschieren über eine weite Wiese. Der Vulkan ist unsichtbar, wolkenumschlungen. Schmetterlinge tanzen in der warmen, nach Butterblumen und Gras duftenden Luft. Markus summt »Das Wandern ist des Müllers Lust« und ärgert sich, es nicht aus dem Kopf zu kriegen. Gina und Condor balgen sich. Überholen wir sie, halten sie inne und laufen uns nach.

Spätnachmittags, in achthundert Metern Höhe, wo anstelle von Bäumen kniehohes Gestrüpp gedeiht, erspähen wir zwischen zwei fernen Hügeln eine kleine Hütte – das Basislager.

DIE WOLKE

Abends öffnen wir die knarrende Tür der Hütte. Sie beherbergt acht Holzpritschen – vier im Erdgeschoß, vier im Dachgeschoß –, eine Kochstelle und einen dicken Baumstumpf, der als Tisch dient. Unter unseren Schritten ächzen die Dielen. Es riecht modrig. Mir scheint, hier war lange niemand mehr.

Als Ronald draußen seine Notdurft verrichtet, setze ich mich auf den Stumpf. Mich fröstelt. Ich vermisse tschilpende Spatzen, ein vorbeifahrendes Auto, das Atmen einer Stadt. Ich scharre mit den Füßen, führe Selbstgespräche und freue mich, als Ronald eintritt und nach meinem Hunger fragt.

Wir füttern die Hunde mit Würstchen und Lebkuchen, tunken nebenher Brotscheiben in die Mayonnaise und genießen ihren säuerlichen Geschmack.

Danach suchen wir etwas Holz, spalten es mit der Axt und stopfen die Scheite in die Rucksäcke. Wenn uns später verbranntes Gestein umgibt, sollen sich unsere Seelen am Feuer wärmen.

Wir durchqueren ein ausgetrocknetes Schmelzwasserbecken. Die mannstiefen Täler meistern Gina und Condor weitaus besser als wir. Uns scheint, sie kennen den Weg.

Nach einer Stunde schwinden die Sträucher, das Gras weicht schwarz-grauem Vulkanboden, aus dem hier und da ein buntes Blümchen sprießt. Wehmütig blicke ich über die Schulter ins Tal, nach Kljutschi. Statt des Ortes sehe ich eine weiße Wand. Gespenstisch schwebt die Wolke heran, umschließt uns, raubt uns die Sicht, zwingt uns zum Bleiben. Flugs errichten wir das Zelt, verschwinden darin.

Nie fühlte ich mich der Welt ferner. Verglichen mit dieser Einöde sind Kamtschatkas Dörfer Metropolen. Sogar das verregnete Ganaly, mit seinen vier Katen und der Baracke, scheint mir ein Hort voll Zuversicht und Geselligkeit zu sein. Verrückt, ich wünschte, Gina und Condor schlügen wegen eines Bären an. Wo er ist, ist Nahrung, ist Leben, ist, wer weiß, vielleicht ein Jäger. Plötzlich kläffen die Hunde wahrhaftig. Ich fahre zusammen, verfluche meinen Gedanken − und bin heilfroh, als kleine, ins Tal rollende Steine das Gebell erklären. Für Bären ist hier oben sicher nichts zu holen.

Wegen des Nebels liegen die Vierbeiner dicht am Zelteingang. Das riecht buchstäblich nach Problemen: Meine Bronchien schwellen an, die Lunge rasselt, ich niese, huste, röchle. Allergiealarm! Panisch wühle ich in meiner Jacke, ergreife das Asthmaspray, inhaliere und schlummere ein.

»Wach auf!« flüstert Ronald und rüttelt an mir. »Das mußt du fühlen.« Wir setzen uns und legen die Hände auf den Boden. Tatsächlich, er bebt, sanft und unheimlich, als erschüttere ihn ein vorbeirollender Zug. Gestern predigte Jura, das sei normal, wir sollen uns nicht sorgen. Wir nickten wie weise − und wußten nicht um die Furcht, die uns nun langsam durchkriecht.

Erst nach Stunden, als die Erde kaum noch zittert, fallen wir in einen Halbschlaf.

ABWÄRTS

Am nächsten Morgen ist der Himmel blau und macht den Nebel vergessen. Markus schmiert uns Mayonnaisestullen. Ich verschlinge meine und möchte schnell aufbrechen.

Um wie vieles schöner es sich doch wandert, sticht das Ziel in die Augen. Der Kljutschewskoi wirkt gigantischer denn je. Ihm zu Füßen fühle ich mich klein und unbedeutend. Seinen weißen Mantel stören einige dunkle Flecke, die Nebenkrater zu sein scheinen. Südwestlich von uns erhebt sich ein zerklüfteter Berg. Es ist der Uschkowsky, den wir am Tag nach der Begebenheit mit den Landstreichern bestaunten. Wir schauen auf die Karte. Sie zeigt, daß dieses Gebiet noch weitere Vulkane bereichern: der Kamen etwa, oder der Besimjanny – übersetzt: der »Namenlose«. Ich las von seinem Ausbruch, und daß ein Teil der Asche sogar über den Nordpol, bis nach Europa getrieben sei.

Wir erklimmen einen haushohen Wall. Metergroße Gesteinsbrocken sind lose in der Masse verkeilt. Jeder Schritt will überlegt sein. Ein Fehltritt kann uns unter dem Geröll begraben.

Hinter dem Wall plätschern kleine Bäche und Rinnsale in verschlungenen Bahnen talwärts. Markus betankt die Trinkflaschen, ich genieße die frische Bergluft, schöpfe eine Handvoll Wasser und tauche mein Gesicht hinein.

Danach mühen wir uns durch ein Trümmerlabyrinth und steigen in eine Schlucht hinab. Manch großer Stein wackelt bedrohlich unter den Füßen. Wie behend sich die bepackten Hunde zurechtfinden! Condor scheint mir noch mutiger als Gina zu sein. Er weist uns den Weg wie ein Gemsbock.

Nachdem wir den kleinen Canyon durchquert haben, erwartet uns eine bizarre Geröllwüste. Ich bleibe stehen, messe unsere Höhe: 1614 Meter. Plötzlich bricht unter mir der Boden ein. Ich versinke knöchel-, wadentief, ergreife erschrocken die Hände von Markus. Er zerrt mich aus dem Schlamm. Gut, daß wir zu zweit sind.

Seit Stunden wandern wir dem Gipfel entgegen, doch die Entfernung scheint nicht zu schrumpfen. Markus schweigt. Auch ich weiß nichts zu erzählen. Die Stille ist unheimlich. Manchmal lebt der Wind auf, verfängt sich in Gesteinshöhlen und heult leise wie ein trauriges Kind. Verstummt er, bleibt als Geräusch das sich reibende Geröll unter den Schuhen.

Als ich nur noch meine Schritte höre, drehe ich mich um. Mein Freund ist zurückgefallen. Ich warte. Atemlos naht er, ich frage, was los sei. Er zuckt die Schultern, schnallt sein Gepäck ab und setzt sich schwerfällig drauf. Nach einer Pause erhebt er sich und geht weiter. ›So kenne ich ihn‹, denke ich beruhigt. ›Auch wenn's ihm schlecht geht, er steckt das weg.‹

Auf zweitausend Metern schreiten wir über verharschten, von Asche überzogenen Schnee. Condor kratzt Kuhlen und steckt seine Schnauze hinein.

»Ich kann nicht mehr«, dringt es von hinten zu mir. »Laß uns umkehren.« So wie sich einst der mürrische, von einem Kirschkern getroffene Großvater in der »Allianz«-Werbung zu seinem Übeltäter drehte, fahre auch ich herum. Ich spüre, daß Markus nicht scherzt. Mit hängenden Schultern steht er da, die Arme lang wie bei einem Affen. Er keucht und hustet.

›Schauspielert er?‹, argwöhne ich. ›Mir geht's gut, wie kann's ihm schlecht gehen? Warum langweilte er sich, als ich gestern vom Aufstieg schwärmte?‹ Ich ignoriere seinen Appell, verkünde den Weitermarsch. Markus aber setzt sich hin. Ich starre ihn an, würde ihn am liebsten sitzen lassen. Doch allein ist es zu gefährlich. Wir sind ein Team. Scheitert einer, scheitern beide. Was heißt scheitern? Aufgeben ist das! Ich will ihn durchschütteln und anschnauzen, sein Basecap vom Kopf schleudern, etwas tun, was ihn zur Vernunft bringt. Sein Heimweh; diese Hatz, schon von Beginn der Reise an; die Blicke auf die Uhr; sein Rechnen, in wieviel Wochen, wieviel Tagen, wieviel Stunden wir in Ust-Kamtschatsk sein können, all das kocht in mir hoch, und ich bin überzeugt, daß er weitergehen könnte, wenn er nur wollte. In diesem Moment driften wir, unsere Ansichten, unsere Ideale und Träume, weit auseinander, weiter als je zuvor.

Mir tanzen Sterne vor den Augen, mein Puls überschlägt sich, ich ringe nach Luft. Wie durch ein Blechrohr höre ich, mir sei der Berg nicht wichtig. Verdammt, so ist es – und dennoch, ich wollte mich durchbeißen, bis nach ganz oben, und sei es für Ronald. Warum glaubt er mir nicht, wie erschöpft ich bin? (Monate später entdeckt eine Ärztin Klümpchen in meiner Lunge, diagnostiziert Sarkoidose – eine wenig erforschte Krankheit, die das Atmen unter Anstrengung erschwert und tödlich sein kann.)

Während Markus ins Tal trottet, verabschiede ich mich von dem Vulkan. Innerhalb von Minuten – als falle ein Vorhang – verschwindet er hinter Wolken.

Wir gehen tatsächlich bergab, jeder verlorene Höhenmeter bringt bittere Gewißheit.

Am Abend erreichen wir die Hütte. Markus ruft Jura an, bestellt den Chauffeur. Mir ist das peinlich.

TAXI

Wir gehen dem Fahrzeug entgegen. Sommerwärme streichelt unsere Haut.

Wir steigen in einen UAZ. Der hagere Chauffeur will wissen, wo wir aufgewachsen sind.

»Welche von uns«, lobt er und steuert den Jeep souverän bergab. Unterwegs lesen wir das restliche Gepäck auf.

Abends stehe ich mit Ronald wie zum Rapport vor dem Vulkanologen, wir geben die Sonnenbrillen zurück. Daraufhin reicht er uns einen langen Schlüssel.

»Ihr könnt dort schlafen.« Er zeigt auf ein weißes Spitzdachgebäude, das seinem Haus gegenüberliegt. »Es ist unsere Pension. Wir haben jetzt keine Gäste. Ruht euch aus.« Dankbar nicken wir ihm zu. Ich schäme mich meiner ruhigen Atemzüge.

Nachdem wir uns in das Haus quartierten, seifen wir uns in der Badestube gründlich ein und übergießen uns eimerweise mit kaltem Wasser. Der ansprechende Duschgelduft verleitet uns zum Ausgehen. Wir streifen uns die frischgewaschene, noch feuchte Kleidung über, fahren uns durch die Haare und ziehen los.

Es dunkelt bereits. Wir sitzen unter dem Lenindenkmal und inhalieren die kühle, klare Abendluft. Dichter Zigarettenqualm trieb uns aus der Bar. Sie sendet Gesprächsfetzen und dröhnende Diskobässe ins Freie. Ein Fahnenmast schwankt im Wind und schlägt metallene Geräusche gegen die Häuserwände. Ein halber Mond bescheint die Holzkaten auf der anderen Straßenseite. Condor döst neben uns wie ein Bettvorleger. Laufen Leute vorbei, spitzt er geschwind die Ohren.

Als wir wieder die Bar betreten, drückt mir jemand seine Brieftasche in die Hand und bittet mich, gut darauf zu achten. Erst jetzt erkenne ich in dem Mann Juri, den Milizionär. Er führt seine rehäugige Begleiterin auf die Tanzfläche. Als der Song endet, gebe ich ihm sein Portemonnaie zurück. Er klopft mir auf die Schulter und spendiert mir ein Bier. Wir stoßen auf die Liebe an.

Meine Lider werden schwer. Ich verabschiede mich und nehme ein Taxi zur Unterkunft. Der Fahrer und sein Kollege tuscheln und lachen. Nach wenigen Minuten erreichen wir das Ziel.

»Zehn Euro!« fordert der Beifahrer und streicht seinen Schnauzbart.

»So viel? Muß ich erst holen.« Ich steige aus, der Bursche folgt mir. An der Eingangstür wartet Gina und wedelt mit dem Schwanz.

»Sag ehrlich«, frage ich den kleinwüchsigen Typ. »Reichen nicht fünf Euro?« Als Antwort rammt er mir die Faust ins Gesicht und tritt der Hündin in den Bauch.

»Wohl verrückt geworden!« brülle ich auf deutsch, schleudere den Kerl auf die Treppe und wundere mich über die erstaunlich friedliche Gina, der noch nicht mal ein Bellen entfährt. Der Schläger stammelt etwas, springt auf und wieselt zum Auto.

»Scheiß auf den Deutschen!« ruft sein Partner durch die geöffnete Seitenscheibe, winkt ab, läßt den Rowdy einsteigen und gibt den Reifen Drehung. Der Motorlärm verebbt, dann ist es still. Meine Unterlippe schwillt an. Nicht nur das Blut im Mund schmeckt bitter. Für einen Moment wünsche ich mir einen Arm, der sich um mich legt, eine Schulter, an die ich mich lehnen kann. Ich gehe ins Haus, falle auf das Bett und ziehe die Beine an die Brust.

DAS FEST

Am nächsten Morgen lädt uns der Vulkanologe zum Fest der Urbewohner ein. Wir lassen die Hunde beim Haus, steigen in Juras Toyota und fahren zum Ortseingang, den wir vor fünf Tagen passierten. Auf einer Wiese am Kamtschatkaufer haben sich viele junge und alte Leute getroffen. Wir erwarteten Menschen mit indianischen Gesichtszügen, trommelnschlagende Männer und Frauen in farbenfrohen Gewändern. Stattdessen prägen Jeans, Jacketts und Jogginghosen das Bild und lassen ein Fest für Eingewanderte vermuten. Diskomusik schallt über den Platz. Die Besucher drängeln sich um Verkaufsstände, die Eis, Grillfleisch und Bier anbieten. Die Sonne heizt, kein Lüftchen weht. Schweißgeruch vermengt sich mit Schaschlikduft. Im Pulk verliere ich meine Begleiter. Nach einer Weile finde ich Ronald, den ein Mütterchen in Kutte, Wollstrümpfen und Bastschuhen umtanzt. Während sie sich langsam zu zischenden Synthesizerklängen wiegt, schaukelt ihr Täschchen wie ein Pendel hin und her.

»Hunger?« bellt mich eine Dame im schwarzroten Kleid an. Feine, angegraute Haarsträhnen fallen über dicht zusammenstehende Augen. Als ich nicke, zerrt sie mich zur Feldküche. Sie nimmt die Schöpfkelle vom Haken und füllt mir eine Schüssel mit Fischsuppe auf. Zwischen Schnittlauch, Dill und Pfefferkörnern schwimmt ein Lachskopf. Ronald drängelt sich zu mir und erhält ungefragt die gleiche Portion. Die Frau rät uns, den Schaleninhalt aufzuessen und läßt nicht ab, bis auch die Fischaugen vertilgt wurden. Sie seien eine Spezialität, betont sie. »Noch eine Portion?« fragt sie neckisch. Wir bezahlen und verabschieden uns.

Der Vulkanologe ist in der feiernden Menge verschollen. Markus und ich gehen allein zum Quartier zurück. Unterwegs treffen wir zwei Burschen im Lehrlingsalter. Sie fragen, woher wir kommen. Sie hätten Deutsch in der Schule gelernt, doch kaum ein Wort behalten. Der eine ist ein blonder Lulatsch. Er zieht wie in Zeitlupe eine Pistole aus der Hosentasche, zeigt auf den Dolch an meinem Gürtel und regt einen Tausch an. Ich lehne ab. Plötzlich drückt mir der Kerl den Waffenlauf auf die Brust und raunt: »Fühlt sich komisch an, was?« Ich erstarre, versuche gelassen zu wirken. Markus steht da wie gelähmt. Da nahen zwei greise Frauen. Ihre Krückstöcke klopfen helle Geräusche aus dem Asphalt. Der Schlaksige lächelt den Damen zu und steckt heimlich sein Schießeisen weg. Unerwartet verkrümeln sich die Typen. Ich spüre ein leises Zittern in den Knien.

DAS BÄRENDELTA

Montagnachmittag, zwölfter August. Nach sechs Tagen in und um Kljutschi brechen wir zur letzten Etappe auf. Wir bedanken uns bei Jura für seine Hilfe und wünschen ihm, daß sein Vulkan nicht ausbrechen möge. Der Mann steht da, die Hand am Kinn, und scheint zu überlegen, ob es ihm andersherum nicht besser gefiele. Sein Nachbar Istwan wartet mit einer Milchkaraffe am Gartentor. Er gießt Ronald und mir je ein Glas voll und sagt, selig lächelnd: »Was Besseres werdet ihr nie trinken.« Wir leeren die Gefäße, wischen uns die Milchbärte ab und erwidern sein Lächeln.

Als wir über die Wiese zu der Straße gehen, schaue ich mich noch einmal um. Ich sehe die Männer plaudernd an Istwans Gartenzaun lehnen, sehe hinter ihnen die breiten Obstbäume, deren Schatten mit der weißen Hausfront spielen. Der Himmel darüber ist mit einem Kerosinstreifen bemalt. Hier, am Fuße des mächtigen Bergs, der einen zur Winzigkeit verdammt, scheint die Zeit langsamer als anderswo zu verstreichen. Als hänge sie von der Stärke des Vulkanbrodems ab. Sollte er sich je vermehren und dunkel färben, werden die Minuten gewiß rasen.

Zwischen Kljutschi und Ust-Kamtschatsk liegen 250 siedlungsfreie Kilometer. Der lange, einsame Endspurt zwingt uns üppigen Proviant auf. Wir betreten ein Lebensmittelgeschäft. Eine ausrangierte Heizung ersetzt den Fußabstreifer. Wenig später verlassen wir den Laden mit fünf straffgefüllten Beuteln.

Auf der Fähre über die Kamtschatka treffen wir den ehemaligen Sicherheitsinspektor des Hafens. Der schmalgesichtige Herr mit dem schwarzen Hut verlor seinen Job wegen des arg schrumpfenden Schiffsverkehrs.

»Seht euch um«, klagt er, blickt gequält auf die damalige Arbeitsstätte und legt die Hand auf den Bauch. Dem Schutzobmann scheinen die kreuz und quer liegenden Stahlträger, die rostigen Kräne und die tiefen Risse im Beton auf den Magen zu schlagen. Wir landen am anderen Ufer. Hier beginnt die Wildnis. Zwei Autos rollen von der Fähre, nehmen den sich bergauf windenden Sandweg und verschwinden im dichten Wald. Zurück bleiben abschwellender Motorenlärm und das Geräusch eines schwer einzulegenden Gangs. Es wäre vermessen, kein mulmiges Gefühl zu verspüren. Wir befinden uns im Kern des weltweit bärenreichsten Territoriums. Hier, im Kamtschatkadelta, konzentriert sich die Population dieser Raubtiere. Seit Stunden kein Fahrzeug. Ab und zu summt eine Fliege, dann wieder ist es so still, als stecke mein Kopf in einem Glasballon. Feiner, knöcheltiefer Sand bremst unsere Schritte, macht uns müde. Die Piste führt als schmaler Korridor durch das Dickicht.

Am späten Abend, nach fast zwanzig Kilometern, schenkt uns die Natur eine kleine Wegeinbuchtung für das Zelt. Ich baue es auf, Ronald beschafft Holz. Flugs ist das Feuer entfacht. In seinem Bann scheint es mir, eine beschützende Hand läge auf meiner Schulter.

Als die ersten Sonnenstrahlen auf das Zeltdach fallen, kriechen wir ins Freie. Die Bäume werfen lange Schatten auf den Weg. Morgenkühle treibt die Müdigkeit aus den Gelenken. Wir essen etwas Brot und Speck, räumen unseren Lagerplatz und nehmen einen langen Tag unter die Räder. Er wird uns kürzer erscheinen, denn die Gedanken eilen geschwind voraus. So wie ich mich an die letzten Tage der zurückliegenden Reisen erinnere – das Kribbeln im Magen, die freudige Ungeduld, die sanfte Melancholie, wenn das Ziel den Weg ablöst – werde ich auch diese Momente nicht vergessen. Zwischen den Schritten blinken Augenblicke auf, die wie Balsam auf meine von Unrast getränkte Seele tropfen: wenn ich in einer Pause einen zitronenfarbenen Schmetterling beobachte, der mit schnellen Flügelschlägen die Ohren der Hunde umkreist, von ihnen wegfliegt und sich auf einer verstaubten Butterblume niederläßt; wie ein Raubvogel majestätisch seine Kreise über den Wipfeln der hohen Nadelbäume zieht und dann, im schnellen Sturzflug, plötzlich verschwindet. Das ist hier, ist jetzt, und sogar ich, der unterwegs fast vergaß, wieviel Lebensgeist zwischen

all den Minuten und Kilometern steckt, staune und lächle.
Das Heulen eines Motors – wenn auch leise und fern – will nicht in
die Idylle passen. Dennoch freuen wir uns über den Gruß der Zivilisation. Die Maschine dröhnt immer lauter, in der Biegung taucht ein
Tanklaster auf. Er zieht eine Sandwolke hinter sich her, die ihn einholt,
als er neben uns bremst. Quietschend öffnet sich die Fahrertür, ein junger Mann mit Wollmütze steigt aus.

»Wo wollt ihr hin?« fragt er und klopft Staub vom Matrosenhemd.
»Ans Meer«, antworte ich. Sein drahtiger Kollege klettert wortlos
vom Führerhaus auf den zylinderförmigen Frachtcontainer und zündet sich eine Zigarette an. Daß unter ihm eine metergroße Aufschrift
vor dem feuergefährlichen Transportgut warnt, scheint ihn nicht zu
stören. Der »Matrose« langt hinter die Kabine, greift in einen Leinen-
sack und präsentiert uns einen Bärenkopf.

»Wir haben ihn vom Wagen aus geschossen.« Der Bursche schaut
uns an und kratzt seinen Dreitagebart. »So wie ihr, das würde ich mich
nicht trauen. Die Gegend ist gefährlich.« Vor einer Stunde sahen die
Männer acht Bären am Straßenrand. »Das habe ich noch nie erlebt.
Stoppt lieber ein Auto und fahrt weiter.«

Als der LKW fort ist, überlegen wir, den Rat anzunehmen. Uns graut
es vorm Weitergehen. Wie lange aber sollen wir hier warten? Wer wird
uns mitnehmen? Was wird aus der erträumten Ankunft? Soll das etwa
dieser Moment sein? Ohne Ziel, ohne Vorfreude? Wir sehen uns in
einen Lastwagen steigen, schweigend am Beringmeer eintreffen und
später in einer Bar unseren Trübsinn ertränken. Wie automatisch
umschließen wir die Schubkarrengriffe und setzen uns in Bewegung.

Unser Gang ist wacklig, die Herzen pochen. Wir führen die Hunde
dicht bei uns, machen Krach, singen, pfeifen, bellen. Stundenlang asten
wir auf dem steilen, mit Wurzeln gemaserten Pfad durch einen hochgewachsenen Nadelwald, bis der Abend die Hitze des Tages absaugt.
Nun verbreitet sich die Straße und führt uns durch weite, wildwüch-
sige Felder mit vereinzelten Baumgruppen.

Geäst knackt. Wir bleiben stehen, starren zu den Büschen, aus denen
das Geräusch kam. Ich schaue zu Markus, lege einen Finger auf meine
Lippen, wende mich wieder zum Gesträuch. Meine Knie werden but-

terweich: Einen Steinwurf von uns entfernt sitzen zwei Bären und fressen seelenruhig Blaubeeren. Der Schreck ist nicht so groß wie erwartet, aber immer noch groß genug. Die dunkelbraunen Räuber scheinen uns nicht zu wittern. So wie die Hunde sie auch nicht. Als es jedoch im Unterholz raschelt, richten sich Ginas »Radarohren« auf. Leise kommandiere ich den Vierbeinern, sich hinzulegen. Ich nehme den Fotoapparat aus der Tasche, schraube langwierig das Teleobjektiv in das Kameragehäuse und besteige mit Markus eine kleine Anhöhe. Von hier aus können wir die Bären hervorragend sehen. Doch sie entschwinden aus unserem Blickfeld.

›Für ein gutes Bild muß man auch mal mutig sein‹, denke ich aufgeregt und pfeife – eigenartig verzerrt – zu den Tieren. Eines von ihnen richtet sich auf, schaut in unsere Richtung. Schnell drücke ich den Auslöser, jage einen halben Film durch. Markus bedient die Videokamera. Als wir die Aufnahmen beenden, lacht er seltsam irre, glaubt, nicht verwackelt zu haben.

Die friedliche Begegnung hat uns Hoffnung gegeben, daß unsere schlimmsten Befürchtungen Phantasie bleiben. Während wir weitergehen, kriechen langsam die Schatten aus dem Wald.

Die heutige Etappe endet nach 42 Kilometern. Zufrieden machen wir ein Feuer, spannen das Zelt, krabbeln hinein und gleiten in einen unruhigen Halbschlaf, aus dem uns oft Gebell reißt. Immer dann stürme ich ins Freie, leuchte mit der Taschenlampe die Umgebung ab und lege Holz in die Flammen. Unser dritter Wächter muß am Leben bleiben.

Seit heute sind wir vierzig Tage auf Kamtschatka. Ich folge Ronald über hügeliges Land, in dem sich die Sträucher wie krause Teppiche zum kilometerweit entfernten Wald ziehen. Wir können die Natur und den Weg wunderbar einsehen, müssen nicht fürchten, von Wild überrascht zu werden. Daß ein Bär durch die Flur tapst – und später noch einer – will uns fast an einen riesigen Tierpark erinnern. Die Distanz zwischen ihnen und uns läßt meinen Puls nur leicht erhöht schlagen.

Stunde um Stunde schmilzt dieser und ein weiterer Tag, vergeht der nächste und auch der folgende. Mit jedem wird das Wetter trüber, doch es regnet noch nicht. Für die mehr als vierzig Kilometer langen Etappen stehen wir zeitig auf und legen uns spät schlafen. Wir verwandeln uns in Maschinen, denken an nichts anderes als an den nächsten Kilometer, die nächste Pause, die nächste Wegbiegung. Die schmerzenden Schultern und Füße dürften bejammert werden, doch es lohnt nicht, da wir schon auf der Zielgeraden sind. Ein-, zweimal am Tag hören wir das vertraute Brummen eines Motors. Manche der Lastwagen donnern vorbei, andere stoppen. Man schenkt uns Zigaretten, Bonbons oder Brot. Wenn wir in die Gesichter der Leute schauen, brennen unsere Herzen in Erwartung der baldigen Ankunft.

Heute, am Sonntag, dem 18. August, 41 Tage nach unserem Aufbruch aus Petropawlowsk, ist es Gewißheit: Ust-Kamtschatsk liegt nur noch einen Tagesmarsch entfernt. Noch einmal recken wir die geschundenen Sehnen, entsteigen dem Zelt und verschlingen das gepökelte Schweinefleisch aus den letzten zwei Konserven.

Der Weg zieht sich wie ein Band durch das weite Wiesenland. Erst scheint er kein Ende zu nehmen, doch dann – als wir in der Ferne Hafenkräne sehen – glauben wir schon das Meer rauschen zu hören. Aber es ist nur der Wind. Uns ist, als trage auch er uns weiter, näher an die Schornsteine und Dächer heran.

Von einer Million Schritten bleiben uns die letzten, die schönsten.

UST-KAMTSCHATSK

Aus dem hölzernen, von Fliegen umsummten GAI-Häuschen tritt ein Polizist mit geröteten Augen. Er schneuzt in ein Taschentuch und stopft es danach umständlich in die Hose. Wir übergeben die Pässe. Während er sie kontrolliert, niest er unentwegt. Er scheint sich ordentlich erkältet zu haben. Er reicht die Dokumente zurück und winkt uns durch.

Auf die vereinsamt wirkenden Straßen fällt diffuses Tageslicht. Es riecht nach Fisch. Wir gehen an eingefallenen Katen, schiefen Telefonmasten, verrosteten Blechgaragen, zerbeulten Tonnen und mannshohen Müllhaufen vorbei. Auf einem Hof hängt eine Wäscheleine mit rotem Pullover und großem, weißem Damenschlüpfer. Im verwilderten Gras steht der Rumpf eines Mazda. Neben ihm liegen, wie hypnotisiert, zwei schwarzweiß gescheckte Kühe. Trotz seiner Trostlosigkeit ist dieser Ort für uns das, was einem Marathonläufer seine Ziellinie, einem Maler sein finaler Pinselstrich, einem Schmied sein letzter Hammerschlag.

Am Rand der Hauptstraße stoppen wir, stellen die Karren ab und machen neben einem Schild, auf dem »Ust-Kamtschatsk« steht, ein Foto mit Selbstauslöser. Während der Apparat mehrmals aufblitzt, sehe ich uns aus dem Flugzeug steigen, ich erinnere mich an die schnellen Worte von Bürgermeister Viktor, die schmale Gestalt von Jelena Petrowna, den gemütlich auf der Straße sitzenden Bären, den erdigen Geruch in Wolodjas Datsche, die Pistole auf Ronalds Brust, die laute Stimme der runden Nina, aneinanderratschende Steine auf dem Weg zum Vulkan ... Unsere vierte Reise endet. Ihre Bilder werden bleiben. Lange wollte ich sie nicht annehmen. Jetzt sind sie da, erfüllen mich, lassen mich lächeln. Jetzt liegen sie hinter mir, diese fast eintausend Kilometer, die mir vor sechs Wochen, auf dem Flugplatz, so unbegreiflich und unterwegs so nutzlos erschienen. Jetzt sind wir am Ziel. Stille, Tagtraum, Fragen nach dem Warum. Ich kann nicht sagen: »Ich stehe hier, weil ...«, kann nur sagen: »Ich stehe hier.« Braucht es einen Grund? Reichen Freude und Erfüllung? Wenn ich das erst jetzt fühle, neben dem krummen Ortsschild stehend, mit all meinen Erinnerungen, die wie bunte Lichter vor meinen Augen tanzen, dann ist es nicht zu wenig, dann hat sich dieser Weg gelohnt, dann war er nicht umsonst.

Wir errichten das Zelt an der Schotterstraße, kaufen Lebensmittel und füttern die Hunde, die dabei mit den Schwänzen wedeln. Während wir auf dem Gepäck sitzen und Piroggen essen, sehe ich die fernen Lichter des Hafens.

KONTROLLE

Gebell und Stimmengewirr scheuchen erst mich, dann Markus auf. Es ist kurz nach Mitternacht. Durch den Zeltspalt erkenne ich einen sportlichen Mann in schwarzer Lederjacke. Ihn flankieren zwei Uniformierte, die im fahlen Licht der Straßenlaterne seltsam gesichtslos wirken. Wir sollen hinauskommen und unsere Papiere zeigen. Gina und Condor lassen sich kaum beruhigen, zerren wild an ihren Leinen. Wir reichen dem Lederbejackten die Ausweise, dazu ein offizielles, auf russisch verfaßtes Schreiben des Rostocker Oberbürgermeisters. Es erklärt unsere Tour, ist ein Geleitbrief, der uns helfen soll, wenn uns Schwierigkeiten mit den Behörden erwarten. Bisher brauchten wir ihn nicht. »Wo ist Ihre Genehmigung?« herrscht uns der Kontrolleur an. »Ust-Kamtschatsk ist Sperrgebiet! Welcher Idiot hat sie passieren lassen?« Seine zusammengewachsenen Brauen senken sich. Er gibt seinen Kollegen einen Wink. Blitzschnell legen sie uns Handschellen an. Mir stockt der Atem, unsere Worte überschlagen sich. Wir sagen, wir hätten nichts vom Sperrgebiet gewußt, flehen, das Schreiben zu lesen, sind bereit, auf der Stelle den Ort zu verlassen, wenn wir nur dürften. Der Zivilbeamte blickt genervt auf die Zeilen. Dann geht er zum Streifenwagen. Aus dem Sprechfunk schnarren schwerverständliche Wortfetzen.

Der Mann kommt wieder, weist die Uniformierten an, die Handschellen zu lösen.

»Packen Sie ihre Sachen!« befiehlt er uns. Angespannt befolgen wir sein Kommando. Er führt uns auf einen finsteren Hof. Wir sollen hier schlafen und in der Frühe Ust-Kamtschatsk verlassen. Überglücklich schütteln wir die Hände der verdutzten Streife. Der Lederjackenmann zündet sich eine Zigarette an.

»Habt ihr Lust auf ein Bier?« fragt er unerwartet väterlich und stellt sich als Dimitri vor. Seine Kollegen fahren ab, wir gehen in eine nahegelegene Gaststätte.

Die Tische des Lokals trennen Regale mit ausladenden Blattgewächsen. Über der leeren Tanzfläche dreht sich eine silbrigglänzende Kugel. Die wenigen Leute plaudern und lachen. Wir setzen uns. Im fahlen Licht der Deckenlampe entsteht ein genaueres Bild unseres Gastgebers: ein junger Kerl, nicht älter als wir, mit breiten Wangenknochen, schweren Lidern und kleinen Ohren. Er sagt, er sei Kapitän der Miliz und glaube, wir seien die ersten Ausländer im Ort. Gern will er uns beim Fortkommen helfen und zwei Bekannte anrufen, die am Morgen nach Süden fahren.

Nicht lange, und sie sitzen neben uns. Der eine heißt Sascha, ist vierzig Jahre alt und Direktor einer großen Fischerei in Petropawlowsk. Er trägt eine blaue Windjacke, hat kurzgelocktes Haar und einen winzigen Mund. Mischa, der jüngere Begleiter, raucht eine Zigarette nach der anderen. Er ist Polizist, wie Dimitri. Seine braunen Augen versprühen einen gewissen Charme, der sein rauhes Gesicht glättet. Die Männer sind einverstanden, uns mitzunehmen.

Sascha erzählt von seiner Funktion als Direktor, durch die er viel unterwegs sei. Ihm bleibe dabei nicht verborgen, wie träge sich die Wirtschaft auf Kamtschatka entwickle. Er sei froh, daß es überhaupt voranginge, auch hier, in der Beringmeersiedlung.

»Man muß genauer hinsehen«, sagt er und denkt vielleicht wie ich an die verfallenen Häuser, das Autogerippe und die rostigen Tonnen. Vor 79 Jahren habe Ust-Kamtschatsk ein Tsunami überschwemmt. Der Ort habe lange gebraucht, sich davon zu erholen. Und dann, nach der Perestroika, habe man abermals von vorn begonnen.

»Moskau ist weit«, resümiert er. »Man muß sich hier allein helfen.« Ich sage, daß die Halbinsel eine der schönsten Gegenden sei, die ich je sah, schweife ab, erzähle von unseren Abenteuern und der Bärenangst, die jetzt für uns zu enden scheint.

«Letztens war ein Bär auf dem Leninplatz«, erwähnt Mischa beiläufig. »Nicht weit von hier.« Der Wert auf meiner Gelassenheitsskala sinkt erheblich.

Ein langsamer Groove dringt aus den Boxen. Wir werden müde, verabreden uns mit den Männern um acht Uhr früh vor der Gaststätte und gehen zum Zelt.

RÜCKWÄRTS

Sascha und Mischa fahren mit ihrem Pick up vor, wir hieven Karren, Gepäck und die Hunde auf die Pritsche. Der Motor heult auf, wir fahren los, die Reise spult sich zurück.

Wir sitzen im Fond. Markus ist müde, sein Kopf fällt auf meine Schulter. Gelassene Vertrautheit. Die letzte Heimkehr mit ihm? Ich blicke zurück, Monate, Jahre: Die Fahrradtour um die Welt, die letzten Kilometer, die Straßen von Rostock, hupende Autos, winkende Menschen, Freunde, Vater, Mutter – und neben mir Markus; die Reise durch Asien, die letzten Stunden, dröhnende Flugzeugmotoren, hohle Wangen im Spiegel, der Airport Hannover, die Silhouette meines Vaters – und neben mir Markus; die Kajakfahrt auf der Lena, der alte Kleinbus, die Rückfahrt, die letzten Tage, Sibirien, Ural, halb Europa, die Türme von Rostock – und neben mir Markus. So wie jetzt. Das, was war, wird bleiben; kleine und große Geschichten, Licht und Schatten, bunte Facetten, Fernweh und Heimweh. In Erinnerungen vereint, ein Leben lang.

Markus erwacht. Wir nähern uns Kljutschi. Die Männer reden über deutsche Autos, wollen wissen, ob sich all unsere Landsleute einen Mercedes leisten können.

»Aber ein Polizist vielleicht?« grübelt Mischa. »Was verdient der bei euch?« Er lenkt den Wagen und beäugt uns gefährlich lange über seine Schulter. Wir nennen vage Zahlen, erwähnen auch die Lebenshaltungskosten. Die scheinen den Mann, der knapp das Zehntel eines deutschen Beamtengehalts bezieht, nicht zu interessieren. Er staunt und schüttelt den Kopf.

»Ich muß mir jedenfalls was dazuverdienen.« Er lacht und nickt in Richtung Pritsche, auf der sich eine Menge Schmuggelkaviar befindet.

DER VULKANAUSBRUCH

Ich stecke meinen Arm durch das geöffnete Heckfenster und streichle die Hunde. Plötzlich zeigt Mischa zur Seite. Während wir durch ein trockenes Flußbett rollen, starren wir gebannt zum Schiwelutsch.

»Er bricht wieder aus«, kommentiert der Direktor sachlich die aus dem Krater quellenden Rauchmassen. Wir halten, springen aus dem Wagen. Markus filmt. Die Eruption steigert sich, der graubraune Pilz wächst an. Dennoch ist es merkwürdig still.

»Sind wir in Gefahr?« frage ich beunruhigt.

»Nein, nein«, antwortet Sascha, ohne sich vom Geschehen abzuwenden. »Das sind zwanzig Kilometer bis dahin.«

Der Polizist startet den Jeep. Wir fahren aus dem Schmelzwasserbecken, das, wie Sascha sagt, durch den Ausbruch bald geflutet werde.

DER WALDMENSCH

Wir rollen auf die Fähre nach Kljutschi, setzen über und passieren den Milizposten von Juri und Roma. Sie umarmen Mischa, Markus und mich wie alte Bekannte. Für den Direktor reicht es zum freundlichen Händedruck. Vielleicht kennen sie den Mann nicht oder haben Respekt vor seiner Position. Die Wagenladung interessiert sie nicht. Der Kaviar auf der Ladefläche bleibt unentdeckt.

Vormittags lassen wir den Wegweiser nach Maiskoje hinter uns, zwanzig Minuten später den nach Kosyrewsk. Wie schnell das geht! In den letzten Wochen entdeckten wir die Langsamkeit. Schritt für Schritt unterwegs zu sein, flößte mir Respekt vor Entfernungen ein. Sie so rasch schmelzen zu sehen, scheint mir fast sündhaft. Wir erreichen die zweite Kamtschatkafähre. Am gegenüberliegenden Ufer sind die Baufahrzeuge verschwunden. Wir legen an und rasten an der Stelle, wo der Bagger fast in den Strom gestürzt wäre. Mischa und ich sammeln Holz. Wir wollen Tee aufbrühen. Ich entfache ein spärliches Flämmchen. Der Polizist schmunzelt und holt einen kleinen Bunsenbrenner aus dem Auto. In Sekunden lodern die Zweige und Äste.

Das Wasser brodelt. Mischa nimmt den Topf vom Feuer, hängt das feine Sieb mit dem schwarzen Kraut in eine Glaskanne und gießt ein. Während der Tee zieht, läßt Sascha die Heckklappe des Jeeps herunter und bestückt sie mit reichlich Proviant. Die Männer motivieren uns fortwährend, von allem zu kosten. Eine Flasche Kirschsaft wandert reihum, danach werden Gläschen verteilt, mit Wodka gefüllt und zügig geleert. Abschließend rauchen unsere Begleiter genüßlich Zigaretten, der Direktor pfeift leise vor sich hin.

Wir fahren weiter und biegen in einen Waldweg ein. Sascha will einen Schulkameraden besuchen. Der Forstweg ist eng, kurvig und holprig. Nach kurzer Zeit stehen wir vor einer verwitterten Holzhütte. Daneben – wild gefällte Bäume, deren Äste entfernt wurden. Es duftet nach Harz, Wasser plätschert ans Ufer. Zwei dackelgroße Mischlingshunde nahen, umkreisen uns, machen viel Theater. Ein Mann tritt aus der Hütte, als entsteige er einer Höhle, und legt eine Hand über die Augen. Mit seinem langen, struppigen Haar und dem riesigen Vollbart ähnelt er einem Urmenschen. Er trägt braune, zerrissene Trainingshosen und Holzlatschen. Das graue, löchrige Hemd ist aufgeknöpft und gibt einen mageren, leicht behaarten Leib preis. Der Waldmensch sagt, er verbringe hier den Sommer und habe alles, was er zum Leben brauche: ein Dach über dem Kopf, frisches Wasser, schmackhafte Fische, Pilze, Beeren und genügend Holz zum Heizen. Er sei frei wie ein Tier und müsse niemandem Rechenschaft ablegen. Mich beschleicht das Gefühl, er tue gerade genau das. Was der Mann den Rest des Jahres treibt, will er uns nicht sagen. Als wir unsere Kamera aktivieren, wendet sich der Taigamensch ab und bedeckt sein Gesicht. Wir entschuldigen uns und legen den Apparat zurück.

»Hast mächtig zugenommen«, urteilt der Hüttenbewohner und klatscht mit der Hand gegen den runden Bauch des Direktors. Der lacht und meint, daß noch einige Pfunde hinzukommen werden, wenn er wieder bei seiner Frau sei.

Die beiden wechseln noch ein paar Worte, dann verabschieden sie sich. Wir kehren zur Hauptstraße zurück und fahren nach Süden.

DER JÄGER

»Kennt ihr Esso?« fragt uns Sascha.

»Nur von der Landkarte.«

»Fahrt hin. Das ist der schönste Ort Kamtschatkas.«

Als wir an den Abzweig zu der Siedlung gelangen, beschließen Ronald und ich auszusteigen. Wir sagen den Männern Lebewohl und wünschen ihnen einen erholsamen Urlaub. Dann sind sie fort, und wir warten wir auf ein Fahrzeug, das uns in das sechzig Kilometer entfernte Dorf mitnimmt.

Nach wenigen Minuten biegt ein armeegrüner KAMAS in die Richtung ein. Wir stoppen ihn. Im Führerhaus sitzen drei Burschen, der Container ist randvoll beladen. Hier ist wahrlich kein Platz für uns. Der Fahrer mit dem Basecap scheint da anderer Meinung zu sein. Flink verzurrt er die Karren und unser Gepäck zwischen Kabine und Aufsatz. Wir sollen mit den Hunden in das Führerhaus. Da es dort zu eng würde, klettert einer von der Crew mit Gina auf die Schlafpritsche.

143

Vorn zu viert – mit Condor zwischen Ronalds Beinen –, das scheint zu funktionieren. Ich schaue zum Fahrer, der beweist, daß in einer russischen Brust ein besonderes Herz schlägt.

Am frühen Nachmittag setzen uns die Männer in Esso ab. Hinter einem Lebensmittelladen breitet sich eine Wiese mit hohen Lärchen aus. Dort lassen wir uns nieder. Sonnenstrahlen brechen durch das Geäst, werfen Lichtflure auf das Gras. Irgendwo kräht ein Hahn, Schafe blöken. Auf dem Pfad, der von der Häuserzeile zum Geschäft führt, eilt ein sportlicher Mann mit silbrigem Haar und Vollbart entlang. Er zieht im Gehen seine Kapuzenjacke zu, sieht uns, bleibt stehen und fragt, wer wir seien. Wir erzählen ein bißchen von uns, worauf er uns zu sich einlädt. Vorher wolle er nur schnell etwas einkaufen.

Als er zurückkehrt, folgen wir ihm in sein Haus. Wir betreten eine kleine, etwas unaufgeräumte Küche. Durch das geöffnete Fenster hören wir Spatzen tschilpen. Am Tisch sitzt eine hohlwangige, greise Frau, die an einem Pullover strickt. Sie trägt ein weißes Kopftuch und eine graue Wolljacke. Der Bärtige stellt sich als Aleksander vor. Die Frau sei seine Mutter.

Dampf steigt aus dem Wasserkocher, der Mann schaltet ihn aus und verteilt den Inhalt auf vier Tassen mit je einem Teebeutel. Pfefferminzduft durchzieht den Raum. Die Mutter sieht uns mit hellen, tränenden Augen an und sagt leise:»Mein Sohn ist ein guter Mensch.« Der verfällt mit sonorer Stimme in einen schnellen Erzähltakt; wir müssen die Ohren spitzen, wollen wir alles verstehen. Aleksander ist ein Naturführer. Er zeigt Touristen das wundervolle Gebiet um Esso und nimmt sie mit auf Pirsch. Daß aus ihm ein guter Waidmann wurde, verdanke er seinem verstorbenen korjakischen Freund.

»Er hat mir alles beigebracht.« Der Silberbärtige steht auf und bittet uns in einen Ausstellungsraum, dessen Wände große Felle, ausgestopfte Vögel und viele Geweihe zieren. Unzählige Fotos künden von den aktiven Vulkanen auf Kamtschatka und den Kommandeursinseln.

»Das ist er.« Aleksander zeigt auf das Bild eines sehr alten, indianisch aussehenden Mannes. Er strahlt Güte und Weisheit aus. Unser Gastgeber berichtet von einer Begebenheit, die ohne die Lehren des Mentors anders hätte enden können: Vor zwei Jahren führte Aleksander fünf

Urlauber auf einen Berg. Plötzlich erblickten sie vor sich einen großen Bären. Aleksander verharrte mucksmäuschenstill. Seine Gruppe tat es ihm gleich. Minuten verstrichen. Seine Finger berührten das geschulterte Gewehr. ›Ziele zwischen die Augen‹, erinnerte sich der Mann an das vom Korjaken Erlernte. ›Doch bedenke, ein verletzter Bär tötet schnell.‹ Der Naturführer wartete, bis das Tier in den Sträuchern verschwand. Die Truppe kam mit dem Schrecken davon.

Während sein Mütterchen mit verschränkten Armen im Türrahmen steht und bewundernd zuhört, weiß der Bärtige eine weitere Geschichte zu erzählen: Fünf Jungs aus dem Ort heckten eine Mutprobe aus, planten, einen Bären zu erstechen. Ein Bursche zückte seinen Dolch und näherte sich dem Tier. Die Mitstreiter verteilten sich mit Gewehren um das Geschehen. Bevor der »Gladiator« zustechen konnte, fiel das Tier über ihn her und tötete ihn.

»Die Dummköpfe haben es sogar fotografiert.« Der sehnige Mann öffnet unwirsch eine Schublade und holt einen Zeitungsartikel hervor. Da er ihn gleich findet, zeigt er ihn sicher nicht zum ersten Mal. Auf dem verschwommenen Schwarzweißbild erkennen wir einen Bären, dessen Pranke einen sich duckenden Burschen trifft.

Ronald nimmt zwei Glöckchen von einem Geweih und läutet sie. Unser Gastgeber sagt, man binde sie um die Handgelenke, um im Wald nicht das Wild zu überraschen. Er erwähnt, daß in den nahen Bergen auch Rentiere leben.

»Schön«, jubelt Ronald. »Können wir sie sehen?«

»Das ist schwierig.« Kaum jemand wisse, wo sich die Herden aufhielten. Fast täglich zögen sie zu neuen Futterplätzen.

Wir setzen uns zurück an den Küchentisch. Aleksander redet von Kiew, wo er und seine Mutter wohnten. Während der Perestroika gingen die Banken pleite, viele Menschen verloren ihre Ersparnisse, hungerten, starben. Er sorgte sich um seine Mutter, die die Krise nicht zu verkraften schien.

»Aber die Deutschen hat sie auch überlebt.« Er streichelt der Frau, die im Nähkasten stöbert, über die adrigen Finger. Sie lächelt dankbar, während Aleksander fortfährt und von der Zeit nach dem Umbruch erzählt. Damals war er Kameramann bei einem großen Fernsehsender. Ihm mißfielen gewisse Machenschaften, die er nicht benennt. Er

kündigte und suchte mit der Mutter sein Heil im Osten. Hier, wo die Weiten noch weiter seien als in der Heimat, entdeckten die beiden ihre Liebe zur Natur, zu ihren Farben, Geräuschen und Düften.
»Wann geht ihr zum Fest?« fragt Aleksander unvermittelt.
»Welches Fest?«
»Das Fest der Korjaken. Ihr müßt es sehen. Es ist nur einmal im Jahr.«

DAS FEST DER KORJAKEN

Die Feier beginnt erst spätnachmittags. Ronald und ich haben noch Zeit für einen Spaziergang durch den Ort. Gepflegte, bunte Vorgärten, stabile, in der Sonne funkelnde Treibhäuser, große Katen aus hellem Holz und liebevoll gezimmerte Flußbrücken – Esso ist sozusagen das Gegenteil von Ust Kamtschatsk, das kein Tourist betritt, betreten darf. Auf einem großen Campingplatz sehen wir Männer und Frauen, die sich auf Liegestühlen bräunen, volleyballspielende Kinder und Halbwüchsige, die an einer erkalteten Feuerstelle sitzen und plaudern.

Über den staubigen Wegen flimmert die Luft. Ein schmaler, reißender Bach ergießt sich von den westlichen Bergen ins Tal und fließt neben uns entlang. Während wir, etwas abseits der Häuser, die Chance auf ein Bad nutzen und über glitschiges Gestein ins eiskalte Wasser balancieren, umhüpfen uns die Hunde, als hätten sie Springfedern unter den Pfoten.

Mehr und mehr Menschen strömen durch die kleinen Straßen. Kinder spielen Fangen, lachen ausgelassen. Ein sanfter Wind bringt Schaschlikduft, wir gehen ihm entgegen und erreichen eine große Festwiese. Auf ihr stehen drei hohe Tipis. Sechs Frauen in hellbraunen, buntverzierten Trachten stehen davor und sprechen abwechselnd in eine Kamera.

An anderer Stelle finden Wettkämpfe statt: Ein Bursche läßt schwungvoll ein Seil kreisen, an dessen Ende ein Rentiergeweih befestigt ist. Ein anderer soll es mit einem Lasso treffen. Nach erfolglosem Versuch übergibt der Kandidat an den nächsten Bewerber. Unweit davon nimmt ein Knabe einen langen Anlauf zum Dreisprung, nebenan feuern die Zuschauer einen Akrobaten an. Er führt einen mehrfachen Flickflack aus, der in einem Schraubensalto endet. Die Festwiese wird von einer Holztribüne flankiert. Sie füllt sich zusehends. Wir mischen uns ins Publikum und setzen uns neben eine alte Frau, die wegen ihrer breiten Wangenknochen, den leicht geschlitzten Augen und den hohen, kurzen Brauen eine Korjakin zu sein scheint. Wir kommen ins Gespräch und erfahren, daß sie mit ihrem Sohn per Hubschrauber aus Palana, der Hauptstadt Korjakiens, anreiste. Die autonome Republik liegt hoch im Norden der Halbinsel. Dort gäbe es keine Straßen, meint die Frau. Nur erfahrene Stammesangehörige würden die Pfade durch die riesigen Sumpfgebiete kennen. Das Mütterchen fährt fort und erzählt uns, wie sehr sie sich freue, ihrem Sprößling eine Anstellung in der Fischerei besorgt zu haben. So gut wie ihrer Familie gehe es wenigen Korjaken. Viele seien arbeitslos und dem Alkohol verfallen.

Eine kleine, pummelige Frau fragt, ob der Platz neben uns noch frei sei. Wir nicken. Erfreut setzt sie sich, zieht ihre tarnfarbene Armeemütze zurecht und klinkt sich in unser Gespräch ein. Sie ist jünger als die Korjakin, hat eine flache Nase und wulstige Lider. Ihr Antlitz begrenzen hohe Pausbacken. Sie sagt, sie sei eine Ewenin und beklagt mit heller Stimme, daß ihr Volk einst die Hälfte der Dorfbewohner stellte, nun aber zunehmend von Russen und Ukrainern verdrängt werde.

»Sie nehmen uns Arbeit. Viele von uns müssen in andere Dörfer oder die Stadt ziehen, wo man auch nicht weiß, was man machen soll.«

Als sich die Frau ein Eis holt, nimmt ihren Platz ein junger Typ mit nacktem, durchtrainiertem Oberkörper ein. Der Bursche mit dem ebenmäßigen Gesicht fragt, was die Schriftzüge auf unserer Kleidung bedeuten. Wir erklären ihm einige der Sponsoren und den Grund ihrer Unterstützung.

»Ich bin auch Abenteurer«, sagt er stolz und betitelt sich als den besten Orientierungsläufer Kamtschatkas. Im Rahmen des Festes wolle er an einer Schnipseljagd teilnehmen, deren Gewinner ein Zelt erhalte.

Nach diesem Stelldichein der unterschiedlichen Kulturen bahnt sich eine Gesprächspause an. Allmählich beginnen die Darbietungen. Die Besucher, die keinen Sitzplatz ergatterten, versammeln sich zu einem weiten Kreis und applaudieren dem in die Mitte tretenden Künstler. Der Korjake hat langes, pechschwarzes Haar und trägt eine pelzbesetzte Jacke sowie weiße Hosen, die in braunweißen Fellstiefeln stecken. Während er eine flache Trommel bearbeitet, ergibt er sich schnellen Körperwindungen. Lasziv nähert sich ihm eine bildhübsche Stammesfrau im Wildlederkleid, imitiert Möwengekreisch, umtanzt ihren Partner und kreist schwungvoll ihr Becken. Sowohl die Gesichter der beiden als auch ihre Gewänder ähneln denen der amerikanischen Indianer. Es bestätigt, daß die Urahnen der Korjaken und ihrer Nachbarvölker vor Tausenden von Jahren über die einstige Landbrücke zwischen Tschukotka und Alaska gen Osten und weiter bis nach Patagonien gezogen sind.

Nach dem Duo trägt eine buntgekleidete Frauengruppe Jauchzgesang vor. Währenddessen verfällt die älteste unter ihnen tranceähnlichen Bewegungen. Kurz darauf stößt ein lächelnder Akkordeonspieler im dunklen Sakko hinzu. Seine russische Musik soll offenbar eine Brücke zwischen den Kulturen schlagen. Das Publikum jubelt und füllt die Tanzfläche.

An einem der Schaschlikstände begegnen wir dem Naturführer. Neben ihm steht ein Mann mit mächtigem Bauch, großer Hornbrille und hoher Stirn. Aleksander sagt, das sei Boris. Er verlege die weltweit einzige Zeitung, die in ewenischer Sprache erscheint. Der Redakteur fotografiert ein kastanienbraun gewandetes Ensemble, das mit weit ausgestreckten Armen und kreisenden Köpfen zu psychedelischen Klängen tanzt.

»Boris, schreib doch auch über die Jungs«, sagt Aleksander und zeigt auf uns. Nachdem der Zeitungsmann unsere Reise kennt, vermutet er, daß vor uns noch niemand von Petropawlowsk nach Ust-Kamtschatsk gewandert sei.

»Ihr seid die ersten«, bestätigt der Jäger und nickt gewichtig. Für einen Moment überleuchtet ein stolzes Gefühl meinen Heimkehrdrang.

Nach der Vorführung lichtet uns der Verleger mit zwei der schönen Korjakenfrauen ab. Er legt den Kopf schräg, lächelt und sagt: »Die Überschrift wird heißen: Besondere Gäste in Esso.«

Als die Darbietungen enden, lädt uns Boris in seine Arbeitsstätte ein.

Wir betreten einen Raum mit hellblauen Wänden und spärlicher Einrichtung. Auf dem kahlen Tisch steht eine alte Schreibmaschine. Von den drei Stühlen besitzen nur zwei eine Sitzfläche. Große Pappkartons erwecken den Eindruck, als gäbe es die Redaktion nicht mehr lange. »Ich halte aus«, gibt sich der Mann zuversichtlich. »Die Behörden haben die Gelder gestrichen. Aber Leute wie Aleksander helfen mir.«

Wir begutachten einen ausgestopften Riesenadler, der auf einem an der Wand befestigten Ast thront. Diese Vögel, so Boris, gäbe es nur auf Kamtschatka. Sie seien imstande, zentnerschwere Wölfe zu töten. Der Adler scheint den Kampf des Zeitungsmannes für seinen Verlag zu symbolisieren.

TRAMPEN NACH SÜDEN

Am folgenden Morgen rasiert sich Markus im WC eines nahen Cafés den wirren Vollbart ab. Dann packen wir unsere Sachen und brechen nach Petropawlowsk auf.

Zunächst fahren wir mit einem Armeelaster, den man zum Bus umgebaut hat, bis zur Hauptstraße. Dort steigen wir aus und warten auf das nächste Auto. Nach wenigen Minuten – als stünden wir an einer deutschen Landstraße – hält ein blauer Geländewagen. Sein Transportvolumen scheint mit zwei Männern auf den Vordersitzen, einem Taschenberg im Fond und acht hohen Fässern auf der Ladefläche vollends ausgeschöpft. Trotz der gestrigen Reise im überfüllten KAMAS hegen wir keine Hoffnung, hier mitzukommen.

»Wir nehmen euch bis Dalinowka mit«, hebelt der stoppelhaarige Fahrer unsere Skepsis aus und zieht an den breiten Trägern seiner ausgebeulten Hose. Wir sollen uns auf die Rückbank quetschen. Die Männer schieben dort das Gepäck beiseite und legen zu unserem Erstaunen einen jungen, trunkenen Kameraden frei.

»Der kommt zu uns nach vorn«, beschließt der pummelige Beifahrer und bittet uns, die Schubkarren zurückzulassen. Die Burschen finden dafür beim besten Willen keinen Platz. Wir schieben unsere liebgewonnenen, doch überflüssig gewordenen Gefährte in das angrenzende Birkenwäldchen und streichen zum Abschied über das rostige Metall.

Dann zwängen wir uns in den Jeep. Fahrer und Beifahrer legen den Berauschten wie einen gerollten Teppich auf ihre Schenkel, Markus und ich kauern samt Hunden und Rucksäcken im Fond. Gina, die zwischen den Taschen klemmt, jault. Ich befreie sie, indem ich am Gepäck zerre und noch mehr davon auf meinen Schoß staple.

›Das könnte mein Airbag sein‹, denke ich, als ich am Straßenrand einen mit Foto und Lenkrad bedachten Gedenkstein für ein Unfallopfer sehe.

Um zwei Uhr nachmittags setzen uns die Männer ab. Der Flughafen ist nur noch vierhundert Kilometer entfernt. Offenbar haben wir eine Glückssträhne, die sich jeder Tramper nur wünschen kann – und die noch dazu hält, denn sogleich lesen uns zwei kaugummikauende Burschen auf. Am Heckfenster ihres Lada klebt ein schiefes Etikett mit der Aufschrift »AC/DC«, die Lautsprecher speien Dave Evans aus. Ein Wunder, daß wir nicht »Highway to Hell« hören, denn der Fahrer rast wie der Leibhaftige über die holprige Piste.

Wir nähern uns einer Verkehrskontrolle. Energisch schwingt der Polizist die Kelle. Unser Chauffeur aber erhöht das Tempo, fegt lästernd an der Streife vorbei und grinst uns im Rückspiegel an. Der Milizmann schaut sich überrascht um, dann verschluckt ihn unsere Staubwolke.

Nach einer Stunde »Rallye« erreichen wir Milkowo. Hier wohnen die Jungs. Sie bringen uns zu dem Fluß, an dem Oleg und Wolodja einst Lachse ausnahmen. Auf dem Weg dorthin sehen wir den Abzweig zu seiner Datsche und die Diskothek, in der ich Olga und Elena kennenlernte. Die Burschen betrachten unsere durch die Fahrt erblaßten Gesichter und verabschieden sich spitzbübisch lächelnd.

Es nieselt, wir ziehen die Regenjacken über. Plötzlich bremst ein Polizeiwagen. Der Uniformierte will uns zum Kontrollpunkt bringen, an dem Markus den Wodkabecher leeren mußte. Da der Milizmann nicht nachgibt, steigen wir ein.

Die Diensthabenden an der Schranke sind andere als beim letzten Mal, sind freundlich und zuvorkommend. Rasch gibt man uns die Dokumente zurück. Auch auf unserer letzten Rußlandreise waren Kontrollen nur auf dem Hinweg streng.

Wir dürfen uns in der Station aufwärmen und gucken vom Sofa aus fern. Auf dem Schirm erscheint das Zifferblatt einer Nachrichtensendung, die ersten Szenen folgen: Eine bräunliche, reißende Flut, die Holzstämme, Heizungskörper und Kleidungsstücke führt, frißt sich unaufhaltsam durch Straßen und Parks, Menschen krallen sich an Bäumen fest, andere sitzen in Booten, Autowracks liegen in Schaufenstern. Man interviewt einen jungen Mann. Er spricht deutsch, fängt an zu weinen. Uns wird klar: das sind Bilder aus der Heimat, von Elbe und Mulde, aus Dresden und Grimma. Der Kommentator redet von einer Jahrhundertflut. Die Polizisten blicken in unsere fassungslosen Mienen, einer serviert heißen Kakao, setzt sich zu uns und unterrichtet uns von den Geschehnissen der vergangenen Tage. Ich hocke nur da, sage kein Wort, höre zu. Wenn der Tod mit unzähmbaren Wassermassen fast die eigene Haustür umspült, dann muß ich mir wahrlich keine Sorgen machen, dann lauert er überall, gleich wo auf der Welt.

Die Beamten wollen uns beim Trampen helfen. Sie stoppen Autos und fragen die Insassen, ob sie uns mitnehmen. Die schütteln die Köpfe, ängstigen sich vielleicht vor den Hunden. Ich steige mit ihnen zum Fluß hinab. Prompt ruft Markus über das Brückengeländer, es könne losgehen.

Der klapprige, mittelgroße Bus fährt nach Petropawlowsk. Wir setzen uns mit Gina und Condor in die letzte Bankreihe. Die Mitreisenden sind, wie sich herausstellt, allesamt Installateure. Sie arbeiteten zehn Tage und freuen sich jetzt auf drei freie daheim. Die jugendlichen Augen unseres Gesprächspartners passen nicht zu seiner zerfurchten, wildlederartigen Gesichtshaut. Wir schätzen den Mann auf Anfang fünfzig.

»Was?« brüskiert er sich. »Ich bin siebenunddreißig.«

Der Regen verstärkt sich, schlägt peitschend gegen die Fensterscheiben. Die Werktätigen erzählen sich Witze, spielen Karten, singen und reichen eine Wodkaflasche reihum.

Ich ermüde und gleite in einen Halbschlaf. Bald weckt mich Tumult. Irritiert schlage ich die Augen auf. Der lauteste und stämmigste Typ in der Runde packt einen schmächtigen Kollegen am Kragen und zieht ihn vom Polster. Sofort springen drei Männer hinzu und verhindern eine Schlägerei. Danach kehrt Ruhe ein. Ich schließe die Lider – und erwache erneut: Die Hunde knurren und bellen. Schwankend naht der bullige Streithahn und stützt sich an den Sitzlehnen ab. Er nuschelt, er wolle den Rüden streicheln. Ich verneine und warne den Mann. Er faßt trotzdem nach Condor. Während ich beidhändig die aggressiv kläffenden Hunde festhalte, drängt Markus den Kerl zurück. Der diskutiert im barschen Ton, begreift sein Risiko nicht. Plötzlich hält der Bus, der Fahrer dreht sich um, brüllt den beharrlichen Typ an und droht, ihn in der Wildnis auszusetzen. Auf einmal herrscht Schweigen. Alle Augen sind auf das Rauhbein gerichtet. Er besinnt sich und geht zu seinem Platz.

Nach wenigen Minuten stoppen wir erneut. Pinkelpause. Die Türen öffnen sich. Manche Arbeiter sind betrunken, werden beim Aussteigen und Wasserlassen von Kollegen gestützt. Wieder im Bus, flegeln sich die Männer derart auf die Sitze, als imitierten sie ein Attentat.

Durch Sokotsch zieht ein langer Zug schwarzgekleideter Menschen. Die Spitze bilden sechs kräftige Männer, die einen samtverkleideten Sarg schultern. Es scheint eine Persönlichkeit verstorben zu sein. Bürgermeister Viktor? Kosakenführer Gennadi? Wir sehen sie in den Reihen und sind beruhigt. Als wir aussteigen und sie begrüßen wollen, ruckt der Bus an.

Er rollt durch Jelisowo, biegt zum Flughafen ein und hält neben dem grünlichen Armeegebäude. Während wir uns beim Fahrer bedanken und aussteigen, erwachen die Männer und grölen uns die besten Wünsche zu. Wir winken durch dunklen Auspuffqualm. Als er sich verzieht, sehen wir das Flughafengebäude und den Fußballplatz.

Wohlwissend, daß es für uns nur noch wenige solcher Handgriffe zu tun gibt, errichten wir das Zelt wie bei einem Ritual. Wieder fährt der Wind in die Birkenblätter, ein Ikarus dröhnt vorbei, ich erinnere mich an das Rascheln des Brotpapiers, den Salamiduft, die ersten Wanderschritte. Dann höre ich Flugzeugmotoren. Mein Herz weitet sich.

DIE WACHE

Ronald schlägt den Zelteingang zurück, wir treten in einen verregneten, stürmischen Morgen. Die letzten Wochen ließen mich vergessen, mit geschlossenen Augen in den Himmel zu schauen und genußvoll den Niederschlag auf mein Gesicht fallen zu lassen. Noch vor kurzem schien er in die Seele zu tropfen. Nun ist die Gewißheit, morgen nach Hause zu fliegen, meine Schutzhaut.

Am letzten Tag auf Kamtschatka sträuben wir uns gegen Zeitlimits. Wir beurlauben den Abenteueralltag und puffern ihn vor dem Sprung in die Heimat touristisch ab. Ein mit Menschen vollgestopfter Omnibus bringt uns nach Petropawlowsk. Dort besuchen wir auf Anraten eines Passagiers den großen Fischmarkt: sattroter Kaviar in Plastikschälchen und bläulichen Eimern; riesige Lachse, denen die Bäuche aufgeschlitzt und die Innereien entnommen werden; Verkäufer mit vollen Bärten und speckigen Kitteln; Kunden mit dicken Rubelbündeln und testenden Händen; Räucherfischduft und Diskosound. Die eingespielte Geschäftigkeit des Handelsplatzes läuft um uns wie im Zeitraffer ab.

Im Laufe des Tages verebbt der Regen, die Sonne durchbricht die Wolken und legt – für uns zum letzten Mal – ihr Abendlicht auf die Vulkankolosse.

Vor dem Zelt sitzend beschließen wir: Den Abschied von Kamtschatka soll Tanz und Musik begleiten. Wir wollen die Nasen der Diskobesucher schonen und besprühen unsere miefige Kleidung mit fruchtigem Deodorant. Dann leinen wir Gina an die Rucksäcke, rufen Condor bei Fuß und ziehen los.

Als wir auf dem Weg nach Jelisowo über die beleuchtete Awatschabrücke wandern und jenen Asphalt unter den Füßen spüren, den wir rucksackbepackt vor fast zwei Monaten betraten, beginne ich zu laufen, schneller und schneller, bis Ronald mir nachruft, ich solle warten. Ich bleibe stehen, ringe nach Atem und lache.

Um zwei Uhr morgens erklingt in der Schlossereikantine, die man zur Diskothek umgebaut hat, der letzte Song. Neonlicht flutet von der Decke und bestrahlt teils überraschte, teils müde Gesichter.

Ronald legt sich ins Zelt, umarmt seinen Schlafsack und schnarcht. Ich setze mich zu den dösenden Hunden, will bis zum Abflug am Vormittag wach bleiben.

Die Zeit kriecht, ich fröstle. Ich erhebe mich, gehe zum Armeegebäude und biete dem jungen Soldaten vor dem Eingang eine Zigarette an. Er nickt, entzündet sie und klagt, er hasse die Dunkelheit. Letzte Woche habe er seinen Dienst angetreten. Seitdem brumme man ihm nur Nachtwachen auf.

Aus dichten, kalten Nebelschwaden schält sich ein langer, uniformierter Mann mit puppenhaftem Gesicht. Er tritt zum Wachhabenden und maßregelt ihn wegen des Rauchens.

»Verzeihen Sie, Major!« antwortet der, wirft die Zigarette weg und nimmt Haltung an.

»Du schuldest mir hundert Gramm«, richtet sich der Offizier an mich.

»Wofür?«

»Du hast die Wache abgelenkt.« Er lächelt süffisant. »Nun komm, ich gebe einen aus. Alleine trinken mag ich nicht.« Er führt mich treppauf in seine geräumige Wohnung, fahler Mondschein fällt auf Fernseher, Tisch und Anbauwand.

»Kein Licht?« frage ich.

»Kein Strom.« Der Major holt eine Wodkaflasche aus der Küche und füllt zwei Gläser, die bereits auf dem Tisch stehen. Sie leer zu sehen, scheint dem Uniformierten ein Greuel zu sein. Wir trinken aus, er schenkt nach; immerfort.

All meine Fragen – wie er heiße, wie lange er bei der Armee diene, von wo er stamme, ob er eine Frau habe – beantwortet er nicht, er zuckt nur die Schultern. Offenbar ist auch er ein Geheimdienstler. Doch vergleiche ich ihn mit denen, die wir trafen, wirkt er wie ein Mensch ohne Ich. Er, sein Schweigen, die Finsternis und der Wind, der das angeklappte Fenster auf- und zuschlägt, schaffen eine verwirrende Atmosphäre, die der im Magen explodierende Wodka mehr und mehr in Gleichgültigkeit ertränkt. Plötzlich überschüttet uns gleißendes Licht. Wir haben wieder Strom. Irritiert tastet der Major sein Haupt ab.

»Wo ist meine Schapka?« Er fokussiert den Tisch, entdeckt sie vor sich liegend und streicht über ihr Fell, dann wirft er sie mir zu.

»Nimm sie!« lallt der Mann. »Ein Geschenk.« Ich setze sie auf und reiße die Handkante an die Schläfe. Er nickt, lächelt müde, steht auf, torkelt zum Bett und plumpst wie erschossen auf die Matratze. Ich erhebe mich und ziehe die Tür hinter mir zu. Dann schwanke ich die Stufen hinab, klopfe dem Wachsoldaten auf die Schulter und lege mich ins Zelt. Nur ein Stündchen die Augen schließen ...

ABFLUG

»Wir haben verschlafen«, höre ich eine ferne Stimme. Ich fahre auf, mein Schädel brummt, die Schapka fällt mir in den Schoß.
»Verflucht! Wie spät ist es?«
»Halb elf. Laß uns übermorgen starten.« Ronald dreht sich gemütlich zur Seite, vergißt anscheinend, daß die nächste Maschine ausgebucht ist, wir eine Woche warten müßten.
»Hoch mit dir!« keife ich.
»Das schaffen wir nicht.«
»Doch, das schaffen wir!« Uns bleibt noch eine halbe Stunde bis zum Abflug. Ich dränge Ronald aus dem Schlafsack, pflüge unsere Sachen in die Taschen, reiße das Zelt ein.

Alles ist verstaut, wir hasten mit Gina und Condor, den Rucksäcken und einem der Hundekäfige zum 300 Meter entfernten Flughafen.
›Gut, daß wir schon die Boxen haben‹, überlege ich und denke an die beiden Gepäckarbeiter, die uns gestern die Käfige brachten ...
Wir platzen in das Airportgebäude, stellen das Gepäck neben die Abfertigung, hetzen zurück, holen die zweite Box.
10 Uhr 56. Noch vier Minuten bis zum Abflug. Wir checken ein. Die Schalterdame zögert, ruft jemanden an. Eine Kollegin naht, sagt, die Hunde müssen zum Amtstierarzt. Sie scheucht uns mit ihnen einen unendlich scheinenden Weg entlang, bis zum Büro des Veterinärs. Er diskutiert, schaut sich Gina und Condor an und leistet – hörbar ausatmend – die entscheidende Unterschrift.
Wir rennen zum Check-in, die Hunde kriechen in die Boxen, verschwinden im Gepäckraum. Dann betreten wir die Maschine, die auf uns wartete. Sie rollt zum Startpunkt, beschleunigt, steigt auf. Ich blicke

aus dem Fenster. Unter uns schweben Wölkchen, werfen kleine Schatten auf bewaldete Hügel und schneebedeckte Bergkuppen. Ich atme durch, die Reise ist vollbracht. Ob es mir unterwegs anders ergangen wäre, wenn ich mein Heimweh verdrängt und mir aus den kleinen Momenten der Tour eine Ersatzheimat geschaffen hätte? Wäre die Zeit anders vergangen, wenn ich Blumen vom Wegesrand gepflückt und ihren Duft eingesogen hätte? Hätte ich Straßenstaub zwischen den Fingern verreiben und mir sagen sollen: »Fühlt sich an wie zu Hause«? Wenn ich die saubere Luft tiefer eingeatmet, länger den plätschernden Bächen gelauscht und öfter über Gräser gestrichen hätte, würde mir vielleicht auch diesmal eine wärmende Erinnerung bleiben, so wie es nach der Kajakreise und der Weltumradelung war. Plötzlich durchzieht es mich, ich will landen, ein Stück des Weges laufen und rufen: »Hallo, ihr Birken und Weidenröschen, ihr Bären und Adler, ihr Berge und Vulkane und Flüsse und Seen, ihr Koljas, Sergejs, Aleksanders, und wie ihr alle heißt. Ich gab dem Land keine Liebe, verzeiht.«
Ich schließe die Augen.

Irgendwo zwischen Lena und Jenissej macht ein Passagier seinem Unmut über Putin Luft. Der dickliche Mann steht auf und wettert wie ein Mitglied der Oppositionspartei. Was genau er sagt, verstehen wir kaum. Er wird lauter, die Stewardessen ermahnen ihn. Der Kerl aber wirft mit Kissen, Kopfhörern und Plastikbechern. Entrüstet starren ihn die Passagiere an. Zwei Männer vom Bordpersonal eilen zum Rowdy, packen ihn am Kragen. Endlich setzt er sich, schläft ein und schnarcht mit geöffnetem Mund.
Am Zielpunkt Moskau stürmen Polizisten in die Maschine und zerren den Störenfried mit sich.

DIE VERSCHOLLENEN HUNDE

Ich stehe mit Markus am Gepäckband, wir ergreifen die Rucksäcke. Wo aber bleiben die Hunde? Die meisten Passagiere haben ihre Taschen, die kleine Halle leert sich. Wir stehen allein im Saal. Jede Minute, die verstreicht, macht uns nervöser. Ich halte es nicht mehr aus, steige auf das gestoppte Fließband, gehe zu der Gepäckluke, sehe hinter die Gummilappen und blicke in einen leeren Raum, der sich in einem halbdunklen Tunnel verliert. Wo ist das Personal? Mein Herz schlägt schneller, meine Kehle schnürt sich zu, ich erinnere mich: Drei Jahre zurück, der Flughafen von Helsinki, der Russe, der Condor kaufen will, die zerknitterten Geldscheine in der Hand des Mannes, sein gebrochenes Deutsch, wie er von Hundekämpfen spricht ...

Ich steige vom Förderband, wir klopfen an eine Bürotür, öffnen sie. Vier Frauen in Uniform sitzen am Tisch, trinken Kaffee. Ich schildere die Situation, blicke in gelangweilte Gesichter. Eine Dame greift nach den Keksen und rät uns, draußen zu warten. Dort gehe ich hilflos auf und ab.

Nach einer Viertelstunde schreiten wir erneut in das Büro. Die Frauen sitzen noch immer so da. Ich fordere ihren Einsatz. Die, die uns hinausschickte, langt mürrisch nach dem Telefon, wählt eine Nummer.

Zehn Minuten später – ich traue meinen Augen nicht – schieben zwei Arbeiter die Käfige in den Saal. Man habe sie versehentlich einem anderen Gate überstellt. Kein Wort der Entschuldigung, nur ein Aufruf zur Eile: Unser Anschlußflugzeug werde nicht warten. Wir öffnen kurz die Boxen, drücken Gina und Condor an uns.

ANKUNFT

Nachdem wir im Taxi zum anderen Terminal rasten und die Hunde einem weiteren Tierarzt vorstellten, betreten wir das Flugzeug. Erschöpft fallen wir auf unsere Plätze, wechseln ein paar Worte. Hinter uns sitzt ein feingekleideter Mann, der von seinem HANDELSBLATT aufschaut.

»Hört auf zu quatschen!« schnarrt er auf deutsch.

Berlin-Schönefeld. Das Flugzeug setzt zur Landung an. Die Sonne steht tief über Lichterfelde.

Wir nehmen Gepäck und Boxen auf, passieren den Ausgang. Ich sehe Katrin, höre mich lachen, halte sie plötzlich im Arm, vergrabe mein Gesicht in ihrem Haar. Ronald drückt die Hand seines Vaters.

Gina und Condor springen wie Hasen umher, stecken neugierig ihre Schnauzen zwischen uns.

Wir rauschen über die Autobahn, der Vater lenkt den Wagen, das Radio spielt Grönemeyers »Mensch«. Katrins Hand liegt in meiner. Ronald schweigt und blickt ostwärts, dorthin, wo sich die Finsternis des Havellands bemächtigt. Zur selben Zeit liegt Nacht über Ural und Baikal, erwacht Kamtschatka, flutet Mittagslicht durch die Rocky Mountains, verlängern sich die Schatten in New York, versinkt ein Feuermeer in der Prignitz.

»Was machen wir das nächste Mal?« frage ich Ronald augenzwinkernd. Er lacht auf, schaut mich an und scheint zu grübeln, ob ich das ernst meine.

DANKSAGUNG

Wir danken:
der Reederei Scandlines Deutschland GmbH,
den Stadtwerken Rostock,
der Hausverwaltung Torsten Matula,
dem Autohaus Toyota Plath
dem Fitnessclub Prima Klima,
den Firmen Abschlepp-Harry und Elmenhorster
für die finanzielle Unterstützung;
der Kodak Deutschland AG für das Filmmaterial,
den Firmen Panasonic und Minolta für die Video- und Fotoausrüstung,
Wiehler Rostock für das Beflocken der Kleidung;
dem Oberbürgermeister der Hansestadt Rostock,
Herrn Arno Pöker und Frau Angelika Scheffler,
Außenverbindungsbeauftragte von Rostock,
für das Geleitschreiben und die Souvenirs.

Prof. Dr. Gennadi Karpow und Banja aus Petropawlowsk,
dem Bürgermeister von Kojaki,
Aleksander und seiner Mutter aus Natschiki,
Viktor, dem Bürgermeister von Sokotsch,
Gennadi und Juri aus dem Ferienlager der Kosaken,
Jelena Petrowna aus Ganaly,
Andrej, seiner Mutter und dem Hondafahrer aus Puschtschino,
dem Chauffeur der Dresdner,
Wolodja, Oleg, Olga und Elena aus Milkowo,
den Geheimdienstlern Fedja und Sergej,
Nina, Kolja und Tanja aus Kosyrewsk,
Wassilij, Tamara und Olga aus Maiskoje,
Juri, Roma, Jura, Istwan, Kolja sowie
den Armeeangehörigen und der Nachbarsfrau aus Kljutschi,
Dimitri aus Ust-Kamtschatsk, Mischa und Sascha aus Petropawlowsk,
Aleksander und Boris aus Esso und
allen Menschen, die wir unterwegs trafen,
für die Hilfe, Herzlichkeit und Gastfreundschaft;

ebenso Thomas Roth für die wertvollen Tips zu Kamtschatka,
Dr. Goebel für die umfassende »Hundeversorgung«,
Jutta und Kurt Splettstößer sowie
Christa und Erwin Prokein für ihre liebevolle Unterstützung
und Katrin Parsch für ihre Kraft und Geduld.

Für die Mitarbeit an diesem Buch danken wir:
Andreas Ciesielski (†) für sein Vertrauen
Wiebke Wendt für das Korrekturlesen.
Achill Moser für die hilfreichen Tips sowie
Martin Weißflog für Rat und Tat beim Setzen des Buches.

STATISTIK DER REISE

Reisedauer:
insgesamt 49 Tage
(04.07. – 22.08.2002)
davon 41 Tage zu Fuß,
höchste Tagesetappe: 47 km (durchschnittlich 33 km)

Streckenstatistik:
Flugstrecke Berlin-Petropawlowsk und zurück: ca. 18000 km,
Fußstrecke Petropawlowsk – Ust-Kamtschatsk: 970 km

Klimastatistik:
höchste Temperatur: 34° Celsius
(am 27.07.2002 bei Milkowo)
niedrigste Temperatur: 1° Celsius
(am 09.07.2002 bei Korjaki)

Reisekosten:
ca. 12000 €

ANGABEN ZU KAMTSCHATKA

Entdeckung: 1740 durch W. Bering & A. Tschirikow

Größe: 472300 km² (größte Halbinsel Ostasiens)

Einwohnerzahl: ca. 380000 (davon etwa 250000 in Petropawlowsk)

Volksgruppen: Russen, Korjaken, Ewenen, Itelmen, Tschuktschen, Unangan Vulkananzahl: ca. 300 (davon 28 aktiv – vulkanreichstes Gebiet der Erde)

Höchster Vulkan: Kljutschewskoi (4750 m, höchster Vulkan Europas und Asiens)

Ausbrüche des Kljutschewskoi: 60 (in den letzten 300 Jahren)

Erstbesteigung: 1931

Anzahl der Gletscher: 414

Erderschütterungen: 40000 (im letzten Vierteljahrhundert)

Anzahl der Bären: 15000 bis 20000

Gewicht der Bären: bis zu 750 kg (es sind die größten Bären der Welt)

Flora: ca. 150 endemische Pflanzenarten

Größter Fluß: Kamtschatka (758 km)

Temperaturextreme: -50° C bis +40° C

Seit 1990 für Touristen geöffnet.

Davor streng bewachtes militärisches Sperrgebiet

Seit 1996 Weltnaturerbe der UNESCO

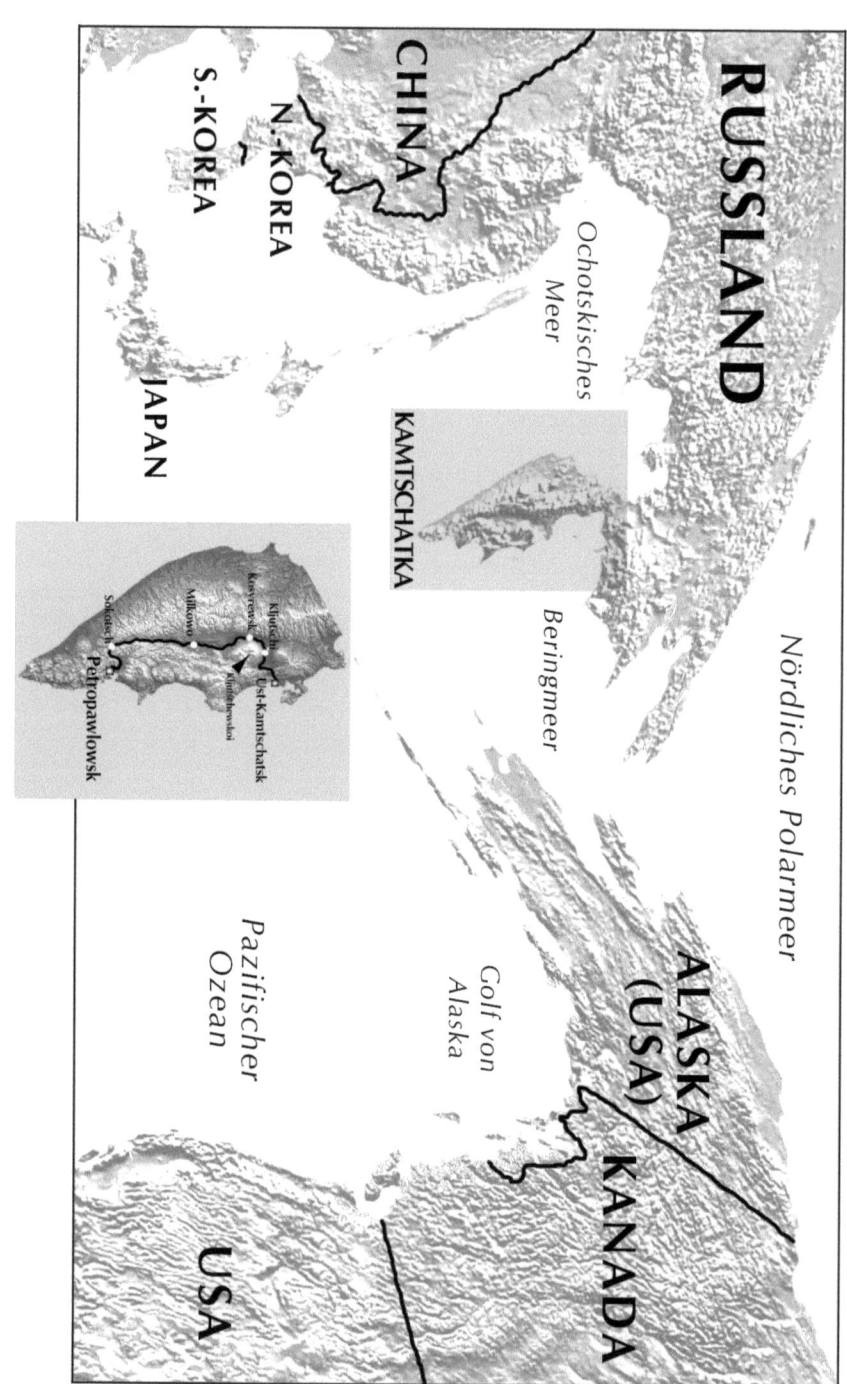

INHALT

WEITERE BÜCHER DES ABENTEURER-DUOS

Markus Möller, Ronald Prokein
DURCHGETRETEN
Guinness-Buch-Rekord: Auf Fahrrädern um die Welt in 161 Tagen. Fast 18000 Kilometer über Asphalt-, Stein-, Schlamm- und Sandpisten. Geplagt von Mücken, Fieber und Schmerzen durchquerten sie drei Kontinente, schliefen unter freiem Himmel, in Nobelherbergen und Armenhäusern, in Kirchen und Feuerwehrstationen. Sie gerieten in Handgemenge und Polizeigewahrsam, sprachen mit Botschaftern und Prostituierten, mit Ministern und Unterweltbossen, wurden verwöhnt und bestohlen.

Kurz: ein extremes Rennen, eine Material-, Kraft- und Nervenprobe hart an der Grenze zur Verzweiflung und eine Flucht nach vorn, weg von einer Kindheit voller Spott und Demütigungen. Doch die Schatten der Vergangenheit fuhren mit ...

Die Reise fand 1995 als bislang schnellste Erdumrundung aus eigener Kraft (ohne Begleitfahrzeug) Eingang ins Guinness-Buch der Rekorde.

Durchgetreten wurde im selben Jahr für den Internationalen Preis der Reiseliteratur in Österreich nominiert.

238 Seiten, Paperback mit farbigen Abbildungen
5. Aufl. 2007, Books on Demand GmbH, Norderstedt
(1.-4. Aufl. 1995-2007, WeymannBauerVerlag)
13,80 €
ISBN 978-3-8370-1169-2

Markus Möller, Ronald Prokein
VERLOREN
Die beiden Guinness-Buch-Rekordler brachen 1996 zu einer Reise nach
Brunei auf, um vom Sultan des Landes nicht nur Geld für eine Aben-
teuertour zu beschaffen, sondern auch, um von dort für die vierjährige
an Aids erkrankte Anita einen Frosch, ihr Lieblingstier, mitzubringen.
Aber die so zuversichtlich begonnene Unternehmung gerät zu einem
Fiasko. Es ist ganz anders als bei der Rekordfahrt vor zwei Jahren.
Diesmal fährt das Unglück mit. Sie verunfallen mit ihrem Auto, müs-
sen Hunde töten, erfahren in Ulan-Bator, daß ihr mongolischer Freund
erschlagen worden ist, wachen im Knast auf, rattern auf dem Waggon
eines Güterzuges durchs eisige Sibirien, verspielen in einem russischen
Casino ihr letztes Geld und kommen schließlich auf Umwegen mittel-
los in Japan an. Um zu überleben, lügen und stehlen sie, suchen Trost
bei Huren, finden sich schließlich zwischen Ratten und Abfällen auf
Sri Lanka wieder.

Geplagt von Durchfällen und nackter Angst nehmen sie jede Hilfe
an und erfahren am eigenen Leibe, was Ausgegrenztheit bedeutet. Das
einzige, was die beiden heimbringen, ist der Frosch für Anita, aber das
Mädchen ist bereits gestorben.

238 Seiten, Paperback mit farbigen Abbildungen
3. Aufl. 2007, Books on Demand GmbH, Norderstedt
(1.-2. Aufl. 1998-2007, WeymannBauerVerlag)
13,80 €
ISBN 978-3-8370-1156-2

Markus Möller, Ronald Prokein
LENAREISE
Wenn die Sibirier von der Lena reden, dann mit Respekt. Sie ist der große, mächtige Strom Rußlands. Markus Möller und Ronald Prokein befahren ihn im Jahr 2000 mit Kajaks, über 3000 Kilometer, bis zur kältesten Großstadt der Welt Jakutsk. Sie sind keine Profis, vertrauen ihrem Ehrgeiz, haben zwei Schäferhunde zum Schutz dabei.

Unterwegs kentern die Abenteurer, treffen auf mittellose Kapitäne und Fischer, lernen Wolgadeutsche kennen und Menschen, die nie einem Ausländer begegneten. Sie geraten in Mafiakreise und machen eines Abends einen grausigen Fund …

Unterwegs durch die Taiga, getrieben von Abenteuerlust und sportlichem Ehrgeiz, geplagt von Hitze, Stürmen und Kälte, und eine Verlassenheit fühlend, wie sie die beiden noch nicht kannten, versuchen sie auch ihre Freundschaft wiederzufinden.

Doch dies, das merken die Männer bald, ist dabei wohl das Schwierigste…

288 Seiten, Paperback mit farbigen Abbildungen
4. Aufl. 2022, Books on Demand GmbH, Norderstedt
(1. Aufl. 2003-2007, WeymannBauerVerlag)
15,80 €
ISBN 978-3-7562-1840-0